“一带一路”沿线国家社会发展丛书：印度系列

当代印度的教育、语言及社会

[美] 谢兹·拉杜萨(Chaise LaDousa)　著
张之燕　主译

華東理工大學出版社
EAST CHINA UNIVERSITY OF SCIENCE AND TECHNOLOGY PRESS
·上海·

图书在版编目(CIP)数据

当代印度的教育、语言及社会 / (美) 谢兹·拉杜萨 (Chaise LaDousa)著 ; 张之燕主译. -- 上海 : 华东理工大学出版社, 2024. 8. -- ISBN 978-7-5628-7144-6

I. K935. 1

中国国家版本馆 CIP 数据核字第 2025SF8588 号

Hindi Is Our Ground, English Is Our Sky: Education, Language, and Social Class in Contemporary India, 1st Edition / by Chaise LaDousa
Foreword by Krishna Kumar
ISBN: 9781785332111

著作权合同登记号:"图字 09 - 2019 - 635 号"

策划编辑 / 刘　军
责任编辑 / 牟小林
责任校对 / 金美玉
装帧设计 / 徐　蓉
出版发行 / 华东理工大学出版社有限公司
地址: 上海市梅陇路 130 号,200237
电话: 021 - 64250306
网址: www.ecustpress.cn
邮箱: zongbianban@ecustpress.cn
印　刷 / 上海新华印刷有限公司
开　本 / 710 mm×1000 mm　1/16
印　张 / 12
字　数 / 183 千字
版　次 / 2024 年 8 月第 1 版
印　次 / 2024 年 8 月第 1 次
定　价 / 138.00 元

丛书编委会

主　　编： 曹锦清

执行主编： 黄玉琴

译　　者（按姓氏笔画排序）

刘欣燕　吴建伟　何雪松　张之燕　赵春雨

原著前言

作为一名印度高校教师，我近几年的生活发生了明显的变化。通常我有三分之一，甚至一半的教学时间都与翻译息息相关。我说印地语或英语，之后将其译为另一种语言。琐碎的翻译看似烦冗，但对我适应相对较新的社会大有助益。印地语和英语构成我课堂上的两条知识轨道，它们共存或重叠，但是明确地指涉两个不同的社会阶层。这两个阶层的孩子的社交方式大不相同，他们的未来发展轨迹和过往发展轨迹也会截然不同。我不仅得用不同的语言来让他们理解我的话，还得用不同的例子来阐述我的观点。

在日渐兴起的关于印度的研究中，我每天在课堂上目睹的种族隔离竟然没有引起任何关注，这不让人诧异吗？拉杜萨的这本书揭示了为何学者，甚至社会语言学家很少会研究印地语和英语的边界。原因在于这个边界是模糊的。对其进行研究意味着权衡与制约，并需要认识到动态的社会全景特有的意识形态和象征。这正是拉杜萨在撰写完本书后得到的答案。

此前，他对印度北部城市瓦拉纳西的语言鸿沟进行了研究。这一研究使我们能突破印度语言多样性的认知，不再将其视为陈词滥调。拉杜萨之所以能进入瓦拉纳西这一独立却又交融的环境，是因为他掌握了关键术语“媒介”。这个术语在印度的城市环境中无处不在，以至于无人惊讶于它为印度这一国家带来的多功能服务。这个词源自“教学媒介”这一短语，而这一短语俨然已成为印度的一种公共代码。拉杜萨带我们进入学校办公室、教室乃至学生家里，帮助我们解读学校展示的广告牌，进而使我们能够深入研究“媒介”。他向我们展示如何聆听那些被淹没在个人或国家历史里的声音，让我们了解到文化考古学对于理解教育的意义是多么重要。

此书所呈现的艰难和深入的研究能自如地打破学科壁垒。拉杜萨采用了从社会人类学和语言学中获取的调查方法，使我们可以到达意识形态、地位和教育的交汇处。我们在这个交汇处驻足良久，目的是克服“母语”（mother tongue）这个词带来的情感幻觉。这无疑是印度摆脱英国殖民统治以来，在有关教育政策的著作里提到的最响亮的词了。无论是就整个国家还是瓦拉纳西所处的北方邦而言，印地语都是在这里成长的孩子们的母语。瓦拉纳西人在家中说博杰普尔语，但这一语言在教育政策和公共领域不受重视。拉杜萨在第一章重点研究了博杰普尔语不受重视的原因，并提醒我们，印度现代性的形成，除了与同西方不可避免的接触有关，还与印度本土核心语言之间的博弈有关。本书既能捕捉并勾勒这些语言差异，又能对印度的学校教育体制进行细致入微和卓有见地的研究，其本身就是重要的学术成果。

克里希纳·库马尔（Krishna Kumar）
德里大学

原著序言

在世界上大部分地区，教育涉及多种语言的互动。殖民统治时期的苍凉历史、民族主义者为呈现自我文化而付出的孜孜不倦的努力，以及国与国之间的交流往来，都已嵌入语言中，不管它们能否在教育系统中找寻到这种由来已久的归宿。学校通常是一道分界线，区分开了包容与排斥、标准化和非标准化、官方认证和非官方认证。人们常常努力争取让语言得到学校认可或将语言纳入课程中。这些努力表明，作为机构所在地的学校和作为包容象征的语言已成为衡量国家属于谁的标准。

然而，在受发达资本主义影响的国际环境中，虽然后殖民国家的学校在处理语言的包容与排斥问题上已竭尽全力，但语言困境并未被克服。在殖民时期的语言政策和习惯形成之后，国家开始在语言工程上倾注心力。语言与瞬息万变的实践和语境密切相连，而这些实践和语境的运作方式与国家实施的语言工程的逻辑似乎大相径庭。另外，语言使用要满足特定的情境。许多人竭尽所能地处理来自学校所学与现实所见之间的矛盾与分歧，即他们希望在学校学什么、收获什么，以及在学校的所学所得在他们的生活中产生了共鸣或无法产生共鸣又当如何。

在许多国家，语言不仅是学校的选择，也是对学校的一种定义。有人可能认为，学校和语言相互构成、相互渗透：学校是语言获得某种认可的地方，语言则被用来对学校进行鉴定、讨论和比较。如果一种类型的学校对应了一种在国际交流和贸易上享有盛名的前殖民地语言，那么这类学校在反思自我和他人的教育追求时会变得尤为复杂，甚至常常自相矛盾。人们可能对官方语言怀有极大的敬意，但官方语言可能排斥人们常用的其他语言。与此同时，随着教育制度的不断完善，这种与民族自豪感紧密相连的语言将面临严峻的考验。其他类型的语言为高等教育制度的完善提供了可能性，可能性越大，相关学校的数量就会越多。

这本书旨在说明印度一座小城市里的人们在与学校打交道，并了解自己的学校经历的时候，所遇到的制度和交流问题。尤为重要的是，当人们了解自己的学校经历后，就会发现错综复杂的语言差异总是与他们息息相关。学校帮助人们重新发现语言差异。同样，学校也使人们陷入一种矛盾之中，即生活在一种后殖民政体中，这里的政治经济力量以特定的语言提供特定的教育，以此作为一种新的谋生的途径。的确，语言的差异和不平等为后殖民政体下的学校教育提供了可能性，人们通过学校来了解自己的过去、现在和未来，从而被卷入文化生产中。

目　录

导　论

在一个潮湿的清晨，刚成为寄宿房客的我坐在房子的门廊处等候着人来。那一年是 1996 年，我在印度北部的瓦拉纳西。“咔嗒”一声，门闩响动，这意味着大家该去上学和工作了。萨尼（Sahni）先生曾是我的印地语老师，他主动把我介绍给他女儿所在学校的校长。我和萨尼先生及其女儿普亚（Puja）走进学校，看见学校里的学生兴高采烈地从来来往往的人力车后面走来，他们穿着栗色和白色的衣服，个个笑容满面。我们走进学校，门卫向我们敬了个礼，普亚迫不及待地加入了早晨集会的队伍。萨尼先生带我沿着一条有顶棚的步行道，离开了学生集会的地方。另一名门卫看到了我们，便掀开走道尽头的门帘，走进了房间。片刻之后，他又出现了，双手合十，用印地语礼貌地说：“进来吧。”

校长坐在一张大桌子后面。萨尼先生站在我身后，向校长表达这一年我想多和她、老师和同学们交流的意愿。我告诉校长，我对印度的教育感兴趣，所以想来参观她的学校。她听完后笑了起来。我知道是我结巴的印地语引她发笑了。我事先准备了证明自己身份的材料，还主动提供了一份被印度某大学录取的通知书复印件和警司出具的文件。校长说没有必要，我可以做我的工作。然后，她说了一些话，这对我的项目开展有所助益。她特意说明，我想在这所学校花时间学习印地语是件好事，因为这是印度的“国语”（national language）。她用英语补充道：“这是一所印地语授课学校，学校的授课语言是印地语。”她继续对我说，我应该选择一所英语授课学校，因为我在母语环境中工作会得心应手一些。她最后的回绝在我意料之外。她解释说，这所学校是专门为九年级、十年级，以及跨校的十一年级、十二年级的女生开设的，对印地语的要求较高，也许不太适合我，建议我去楼上的学校看看。

我们又回到走廊，向楼梯走去。这时，萨尼先生对我说，他与楼上的校长并没有交集，我一人上去也无妨。我知道他必须去上班了，不然不会这样说。我慢慢地朝那个挂着门帘的房间走去。我敲了敲门，听见里面传来声音“是谁啊”。我走进去，只见校长坐在一张和楼下一模一样的桌子后面，她示意我坐下。校长按了一下桌上的蜂鸣器，来了一位年轻人，她要了两杯茶。我做了自我介绍，并咨询校长明年我能否来访问学校。校长用了将近半小时讲述了学校的使命：爱学生，以父母和神的名义尽其职，用爱而不是罚来肃其纪。校长突然话锋一转，说我需要提供一份护照、签证、印度政府的许可信，以及警司出具的文件的复印件。我向她说明我与楼下的校长见过面了，楼下的校长坦言我来她的学校也很好，因为印地语毕竟不是我的“母语”，所以低年级的印地语更适合我。我们的谈话就这样结束了。

第二天，我独自去往一所学校，这所学校的校长是我以前在瓦拉纳西结识的一个朋友的姐姐。在路上，我注意到这所学校第四楼的侧面有一个巨大的标牌，上面写着“西克莱斯特学校”。学校前门的小汽车竞相争夺停车位，数量之多，堪比人力车。门卫向我行了个礼，学校前面远远跑来了另一个穿制服的人，他是来迎接我的。我们穿过院子，他让我坐在校长办公室前的等候区。隔壁房间里出来一个人，他示意我继续坐着，然后敲了敲校长办公室的门。这一次，校长用英语跟我交谈，一开始就聊起了她的妹妹，谈话间还有人给我们送来了两瓶可乐和许多零食。聊了快半小时后，校长终于问我她能为我做些什么。于是，我讲明了此番来意——我对印度的教育很感兴趣，想在她的学校访学。她说没问题，然后开始评估我将要开展的调研是否可行，并逐个予以批准。在我们聊天期间，她收到了几名员工的来电和转接的电话。当电话再次响起的时候，我以不便再打扰为理由离开了。临别之际，她对我说，我在这里调研一定会感到很舒服，因为英语是我的“母语”，但要听到“真正的印地语”，我还应该访问一所印地语授课学校，“毕竟，印地语是我们的国语。”

茶或者可乐，人力车或者小汽车，一名助理或者数名助理，以印地语或者英语授课，尽管我对这些方面了解得不多，但我觉得学校之间的差异都体现在这些方面了。接下来的一年，以及之后为期10年的访问让我认识到：学校的授课语言会带来更深层次的差异。无论这所学校是以印地语还是英语授课，在瓦拉纳西，涉及本土与外来、国内与国外、公立与私立、便宜与昂贵、流动与固定、农村与城市的议题总会让人们产生共鸣。我开始了解到，在印度，人们对学校的反思往往伴随着对语言的反思。因为在不同类型的学校中，印地语授课学校与英语授课学校形成了鲜明的对比。的确，在当代印度，对于那些吸引了诸多媒体和学者关注的人（新中产阶层）来说，这种对比变得更加重要。本书讲述了在20世纪90年代初印度新经济政策实施后的政治经济变革中，印度的语言教育是如何构建社会阶层差异的。

许多学者表示，民族主义活动往往包括国语的建设。这种活动通常认为，学校和其他教育机构是使用和传播国语的场所。许多国家都面临这样一个困境：自己的国语并不是参与涉及最大资本交易或最遥远地区的经济贸易的语言。然而，我们不能以一个国家在灌输一种国际性语言方面的成败来判定这个国家的教育体制。为了更好地理解世界上大多数人的教育实践，我们必须跳出国家或地区的局限，放眼世界，懂得多种形式的语言活动具有非凡的意义。通常，在一个群体中，同一种语言会以不同的方式与不同类型的人、机构和国家联系在一起。从这个角度而言，英语是什么、为什么重要，在很大程度上取决于印地语是什么、为什么重要。授课语言也是如此：英语教育的意义依附于印地语教育，反之亦然。国家形象集中体现在授课语言学校之间的差异上。例如，就读于印地语授课学校，有些人会引以为豪，有些人则会嗤之以鼻。

印度的学校教育展现了自我和国家的不同形象，这些形象取决于学校发言人及其自身的教育经历。有时，在印地语授课学校上学意味着什么，取决于一个人是在谈论还是在从事其他活动，比如阅读报纸上的学校广告。人们的实践和追求总是与语言、制度、场所的意义和使用纠缠在一起。让实践和追求变得有意义的方式便是证明语言和制度是在不同方面发挥作用的。制度和制度下的实践，还有与之相关的场所，都可以与构成这个国家的核心产生或近或远的共鸣。印度教育中授课语言的选择揭示了地方不仅是国家的所在地，还是存在不同民族归属可能性的地点。本书既探讨了以语言为媒介的学校教育如何影响瓦拉纳西中产阶层的生活方式，也探讨了学校教育的不平等和自相矛盾的特质。本书想要讨论的核心问题是，国语这一概念与瓦拉纳西产生了共鸣，并因此将该市置于边缘地位。

当代印度教育的政治经济背景

这项研究始于印度政治经济转型时期，这一时期，学校教育和社会阶层之间的关系日益复杂。中央政府朝令夕改，其不断变化的政策促使许多专家、记者和外行人所称的印度新中产阶层崛起。不过，专门去界定谁属于新中产阶层或这个群体具体是如何形成的的确有难度。举个例子，威廉·马扎雷拉（William Mazzarella，2005：1）认为，与其以单一的标准将印度的中产阶层定义为一个群体，不如将之视为一个新兴的话语空间，以处理“印度教民族主义、消费主义自由化和国家政治的多元化/碎片化”等问题，这样会更有成效。马扎雷拉引用帕萨·查特吉（Partha Chatterjee，1997）的观点，认为印度的中产阶层从未获得过较高的地位，更不要说拥有霸权了。可以确定的是，印度阶层话语已经发生了翻天覆地的变化；不太确定的是，如何描述这种变化在人们生活中的重要性。

印度阶层转型的错综复杂性有确切的迹象可循，不同的学者和国内外媒体都已指出，印度政府采取不同的政策措施是问题的源头。一些人认为，拉吉夫·甘地（Rajiv Gandhi）把消费作为一个主题，与 20 世纪 80 年代经济政策的变化不谋而合。如果说尼赫鲁式的发展可以通过大坝和大规模工厂来实现，那么甘地式的发展则可以通过商品来实现，这就迎合了城市中产阶层的品位和消费习惯（Fernandes，2001：152）。考虑到中产阶层，甘地实行的政策意在消除早期消费主义的一些障碍。甘地的愿景和中产阶层息息相关，这体现在具体的经济政策中——开始放松进口管制，以便扩大消费品（如汽车和洗衣机）的供应，从而迎合中产阶层和中上阶层的口味（Fernandes，2000a：613）。

这些政策背离了尼赫鲁时期以穷人为发展重点的理念。20世纪80年代后期，印度政府的经济政策促进了私营部门利润的增长和面向城市中产阶层消费者的工业化，减少了由国家实施的从富人到穷人的转移支付（McKean，1996：11）。甘地政府的总体特征在于促进消费主义和让国家不再发挥再分配的作用。前总理拉奥（Rao）在1991年接受了国际货币基金组织的贷款，从而确定了这种发展路线。其中一项贷款规定就是进一步废除保护主义经济政策、内部许可制度和再分配政策。

新兴的中产阶层在过去和现在绝非一样，这个标签在其成员资格和展示方式上将多个不同的群体联系在一起（K. Kumar，1998：1394）。当人们的注意力集中在一个特定的就业领域时，中产阶层成员的差异化往往会被忽略。例如，呼叫中心是有关印度新经济机遇的许多国际新闻的集聚地。① 虽然一些报道关注着中产阶层从事这类工作时英语的重要性，但另一些报道预示着就业者所在国的财富正在减少。表面上看是这样，因为美国电视上经常会有在电脑前工作的印度中产阶层的画面一闪而过，这是美国白领和服务部门的工作人员失业的象征（Fernandes，2006：xxvii）。当有关印度经济变化的报道没有聚焦这些新的就业领域时，这在很大限度上是值得庆祝的。当前的经济增长速度与独立后40年左右的经济形势形成了鲜明对比。早期通常被描述为“与世隔绝地沉睡”，而现在被描述为“觉醒”。② 然而，新中产阶层所涉职业和职位有很多，如城市里的专业人士和管理阶层、企业家阶层、白领和蓝领雇员，以及大量农村土地所有者和农民（Chakravarty and Gooptu，2000：91）。

教育让学生越来越多地参与到家庭争取向上流动的过程中，这提高了学校成绩，尤其是考试成绩的重要性。普尔尼马·曼克卡尔（Purnima Mankekar，1999：9）指出，自由化助长了这些人的欲望，也使他们的处

---

① 莉娜·帕特尔（Reena Patel）在对呼叫中心的研究中表示，英语能力较差的试用期员工是会被歧视的。歧视常常基于员工来自的地方是否国际化。她（2010：46）写道：“孟买TYJ公司的主管琳达在一次面试中说，‘如果应聘者来自艾哈迈达巴德，那我们碰都不碰。他们的口音无药可救。我们尝试过合作，但没有成功’。”这位主管已经明白，他们的英文口音决定了艾哈迈达巴德是一个难以培养员工的地方。

② 一些人试图指出经济增长期间不平等现象的发生（Deshpande，2003；D. Gupta，2010；Khilnani，1999）。

境岌岌可危："只要被裁员、坏账或家里的孩子考试不及格，他们中的许多人就会重新陷入贫困。"曼克卡尔对处在双重困境中的中产阶层的女儿尤为关注，因为她们受教育的目的是让配偶和家庭满意。尽管女孩的教育问题得到越来越多的重视，但据曼克卡尔所知，很多人认为女孩接受教育是为了能成为男性的有趣的伴侣。女孩接受教育，就有可能外出工作，所以曼克卡尔又提到家务劳动和职业劳动是她们的双重负担。曼克卡尔的见解深刻，而且我可以证实他的观点。我确实认识一些女孩，她们的家庭支持她们接受高等教育，但大多数女孩只接受到十年级或十二年级的教育，以便嫁得好，并通过学习"家政学"课程管理一个井井有条的家庭，课程内容具体包括卫生、食品采购和准备，以及家庭资金管理。

尽管这些问题并不是费尔南德（Fernande，2000b：90）的研究重点，但她认为，由于学校是"提供技能和颁发证书的机构"，因此学校在大量具有新中产阶层特色的消费主义实践中占据了一席之地。尼塔·库马尔（Nita Kumar，2001：270）则强调教育对瓦拉纳西新中产阶层话语权的重要性："这些孩子的所属群体和阶层背景与'主流'群体相称，却至今未受到关注。他们来自一个构成'国家支柱'的阶层，他们希望接受自由教育，他们为儿子争取'为机构服务'的工作，为女儿争取嫁入'为机构服务'的家庭的机会。这对他们来说也算是一项事业。"库马尔用了"服务"（sarvis）这个词和对教育成就的假设，为新中产阶层话语权的出现及其所带来的可操作性提供了一个极好的例证。在尼赫鲁时期，"服务"这一说法比"工作"（naukarī 或者 kām）更贴切，通常指政府部门的一个就业岗位，其最高级别是印度行政服务局（Indian Administrative Service，IAS）的一个职位。帕塔纳亚克（Pattanayak，1981：xvii）认为，发展中的第三世界的语言是进入政府部门工作的通行证。若进入印度行政服务局，就要通过中央政府举行的考试。参加考试的前提是在标准化语言方面取得较高的教育成就，一旦录用，将被分派到地区一级的岗位。这样的岗位，甚至一些较低的岗位都具有颇高的声望，以及众所周知的较高的津贴、养老金（Pattanayak，1981：17）。

然而，在后尼赫鲁时期，"服务"指的是更广义上的理想工作，已不局限于政府部门里的岗位。个中变化我用一段故事便可阐明。沙玛干洗店坐落在一家小便利店旁边，便利店店主夏尔马（Sharma）先生是我第一年实地考察时的房东。夏尔马有三个儿子，从长至幼分别是拉朱（Raju）、拉梅什（Ramesh）和古都（Guddu）。拉朱在离他父亲的干洗店五公里远的希格拉开了一家分店。拉梅什则骑着摩托车在两家店之间接单，再往来于顾客家中完成订单。古都于 1997 年读四年级时就被大家公认为是一个天赋异禀的孩子。

2005 年，我来拜访夏尔马先生一家，便问起夏尔马先生“古都以后是否也会经营家族生意”。他的回答模棱两可，说“等等看吧”。古都走过来解释道，他一直非常努力地在准备十二年级的考试。我问他毕业后打算做什么，他回答说一切都取决于他的考试成绩。如果考得好，他会申请去巴纳拉斯印度大学学习会计学。他说，他对电脑的兴趣很浓，还打趣道，自己曾尝试说服父亲采用电子收据和电子记账的方式，但没有成功。为了说明“会计是一份好工作”，他的父亲用了“服务”这个词。但是，他拿起收据簿挥了挥，继续说道，他永远不会把生意委托给电脑，因为瓦拉纳西的电压不稳。我有点困惑，便问道：“服务是政府的事，不是吗?”夏尔马情绪激动地回答说，儿子们想获得这样一份工作需要人脉，而他没有，而且以弱势群体的身份去获取这样一份工作会难上加难。古都曾保证，如果上不了大学，他完全可以和他的兄弟们一起做家族生意。古都认为，这也不失为一项良好的“服务”。这段故事展示了教育如何与会计等新职业联系在一起，同时也说明了这种教育机会本身取决于支持孩子的父母的阶层地位。

学校教育、语言和阶层再生产

在社会再生产中，可供争夺之物包括纯熟的技能、通用的知识、被广泛认可的工作态度，以及经过权威认证的其他方面（Katz，2004：x）。学校是研究社会再生产的一个非常有趣的场所，因为学校创造了不同的类别，并按照这些类别对学生进行分类，以便指导他们的行动（Doerr，

2009：1）。学校创造出的类别反过来又表现出特定形式的差异和不平等（Pollock and Levinson，2011：6）。有些学者将个别教育机构作为社会和文化再生产的场所进行研究，这是因为学校提供了一个舞台，在这个舞台上，学生的衣着、言谈和其他行为存在差异，从而出现了各种类型的学生。反过来，不同类型学生的行为又以不同的方式与学校政策衔接。比如，铁锤镇（Hammertown）工人阶层家庭的男孩们喜欢通过“嬉笑怒骂”来表示他们对中产阶层“循规蹈矩”这一标签的排斥（Willis，1977）；贝尔滕高中（Belten High School）的某位学生摒弃了“运动员”的阶层等级（Eckert，1989）；北城高中的工人阶层吸引了被边缘化的白人青年，这些青年被边缘化为“学校里最受欢迎、最具吸引力的旗手”（Foley，2010：84）。在以上案例中，学校不遗余力地通过与阶层形成不相关的符号元素来体现大规模的社会阶层成员身份。

为了解释符号元素和群体形成之间的关系，教育学者们经常引用著名社会学家皮埃尔·布迪厄（Pierre Bourdieu）关于资本的概念。布迪厄有一个著名的观点，即教育同所有人类实践一样，包括时间，以工资、投资等方式流动的实体资本，以及社会资本和象征资本。社会资本涉及职业、会员和交流，而象征资本体现在与名望、教养相关的举止行为和性情上。个人、家庭和阶层是通过多种资本转换，以及与之相关的实践相互构成的（Rutz and Balkan，2009：16）。对学校投入大量资源体现出了个人、家庭和政府对学校的未来及其地位的期望。

布迪厄（1986：248）还指出，学校参与了教育资本的生产。教育资本的宝贵之处在于它得到了国家的认可。学历是一种文化能力证书，它赋予持有者在文化方面一种传统的、恒定的、有法律保障的价值。相较于持有者，甚至相较于持有者在某一特定时刻有效拥有的文化资本而言，学历具有相对自主性。在当代印度，国家选择性地插手教育和教育机构并有所作为，使教育资本的产生变得尤为复杂。本书以多所学校为研究对象，因为根据是印地语授课学校还是英语授课学校来区分，所以会产生不同形式的教育资本。在课堂活动中占主导地位的语言会使学生形成不同的形象、对深入教学产生不同倾向，以及对困难有不同的看法。许多研究聚焦一所学校里学生的性情方面，但本研究将注意力集中在多所学校，以便进行对照。

布迪厄的教育资本概念强调了这样一个事实，即印度的学校制度需要区分那些有能力和无能力提供有法律保障的证书的教育机构。一方面，离瓦拉纳西很远的地方有一些非常挑剔的学校，其中一些在全国甚至国际上都很有名，自殖民时期以来，这些学校一直在培养精英们的世界主义精神。史瑞瓦斯塔瓦（Srivastava，1998：198）写道："位于距离瓦拉纳西几百公里的德拉敦（Dehradun）的杜恩学校（Doon School）通过'不文明存在于别的地方'这一概念培养学生的现代意识。"他这样描述学校里的文明行为："世俗的"晨会、学生之间的互动、效仿大都市契约精神的生活、不询问彼此的种姓，以及不断努力将"科学精神"确立为后殖民民族国家的决定性伦理。杜恩学校于 1935 年成立，培养了许多印度"后殖民知识分子，如记者、编辑、小说家、社会科学家和国家文化官员"（S. Srivastava，2003：1016）。瓦拉纳西没有全国知名（更不用说国际知名）的学校。许多瓦拉纳西人告诉我，一个孩子，无论在瓦拉纳西上了多久的学，都鲜有机会被杜恩学校录取。这种说法给人带来的感觉是，瓦拉纳西人并不觉得他们的孩子能进入一所能够赋予其国际化精英地位的本地学校。

另一方面，瓦拉纳西有许多学校并不抱有促进阶层流动的幻想。例如，尼塔·库马尔（2001）在与瓦拉纳西穆斯林织布工人社区的孩子们交谈时，发现他们就读于一所围绕伊斯兰教教派分歧而开办的学校。这里的孩子对编织这门工艺视若珍宝，同样受到他们珍视的还有自由的意识形态和当地社区对他们的认同。他们的课程中没有官方认可的国家历史，尽管这是教育委员会确认的考试科目。实际上，与宗教联系甚深的学校很少能够让教育委员会批准他们的教学大纲。一个格外瞩目的例子是瓦拉纳西的修道院学校，它在被国家许可的众多学校中占据着显赫的地位，为阶层流动或再生产提供了一种可能性。

根据 1964—1966 年教育委员会的授权，非正规教育部门于 1979—1980 年建立，旨在为十个教育落后邦（包括瓦拉纳西所在的北方邦）的未入学儿童提供教育。1986 年，《国家教育政策》对非正规教育部门的职能进行了修改，以容纳志愿机构（Volunteer Agency，VA）和非政府组织（Non-governmental Organization，NGO），从而扭转该部门一度收效甚微的局面（Ghosh，2004）。① 拉奥政府用 1991 年在世界银行获得的一部分贷款，于 1994 年启动了区域小学教育项目（District Primary Education Program，DPEP），以解决部分非正规教育计划失灵的问题。随着非传统学校和教育保障计划（Education Guarantee Scheme，EGS）的日益发展，教育部门使用的术语变得越来越复杂（Ramachandran，2004）。

2002 年修订的印度宪法规定，国家将为 6～14 岁的儿童提供免费义务教育。印度议会在 2009 年通过了《儿童免费义务教育权利法》，并于 2010 年生效。②《儿童免费义务教育权利法》规定，相关部门必须在 2013 年之前依法遵循这一规定（De et al.，2011）。然而，这并不意味着印度教育正在走向某种程度的平等。苏拉比·乔普拉（Surabhi Chopra，2011：18）认为，“较低层次的私立学校”受到新法案和违规处罚的负面影响很大。如果一所私立学校尚未隶属于某个委员会，该法案的规定将带来新的负担。在 2010 年进行的田野调查中，本书开头介绍的三所学校的校长对该法案都没有表示任何的担忧。他们认为，该法案只会影响“标准较低”的学校里的学生和相对贫困的家庭，或者只有私立学校的农村地区。

非政府组织开办的学校和志愿者学校都可以被视为一个群体，因为它们的目标都是帮助那些被委员会认证的教育机构排除在外的学生。它们采取的策略包括收取极低的学费或免除学费，允许学生不穿校服或穿相对简单的衣服，提供教材，并以灵活的时间安排学生（有时也有成人）上课。在 2004 年 8 月的一次采访中，长期从事教育研究的学者、新任命的教育研究与培训全国委员会（National Council of Educational Research and

① 1986 年的《国家教育政策》规定，在全国每个地区都要建立一所纳瓦多亚学校。其理由是，这将使农村地区免费获得有竞争力的英语机构（K. Kumar，1991a）。克里希纳·库马尔（Krishna Kumar，1991a）和高里·维斯瓦纳坦（Gauri Viswanathan，1992）都对这一目标表示怀疑，指出纳瓦多亚学校以牺牲社会平等为代价，只强调技能和功绩。

② 该法案强调了学校必须作为“社区”存在的重要性，但目前还没有关于“社区”的定义（S. Chopra，2011：18）。

Training，NCERT）理事克里希纳·库马尔（Krishna Kumar）告诉我："要想在印度的教育机构中找到合适的学生是非常困难的。"如今，很难区分教育领域的私人慈善活动和非政府组织活动。教育领域内的纯商业活动比较多。这种情况比 20 世纪 80 年代初的情况复杂得多。当时，教育的主要参与者无疑是国家（LaDousa，2007：139－140）。如今，非政府组织对一所学校的赞助会让学校面临这样的指控：学校存在的理由是为了创业，而不是教书育人。①

我在瓦拉纳西的一所非政府组织开办的学校进行了田野调查。这所学校和其他由非政府组织开办的学校一样，有很多令人称道之处，如课程注重激发学生的创造力，教学方法灵活高效，教学内容涉及亲子互动、与老师沟通。校长告诉我，委员会认证将赋予学校合法性，并减少腐败的后顾之忧。这样的举措还能解决学校的招生问题。之前，一些家长赶在入学考试前几年把孩子从这里接走，送到一家经委员会认证的机构读书。但校长解释说，学校成为"文凭工厂"有助于帮助学校弥补管理上的劣势。因此，她的学校将继续处于非政府组织的管辖范围内，不会加入委员会。

瓦拉纳西和北印度印地语区的其他学校都隶属于教育委员会。教育委员会提供课程指引并每年组织有数十万学生参加的考试。十年级和十二年级结束时的考试在一定程度上决定了一个人未来的学业。布迪厄（1986）指出，学历是教育资本产生的关键。

印度的教育委员会是拥有数千所附属学校的大型组织（Guichard，2010：43－44）。在瓦拉纳西，人们经常提到两个委员会：中等教育中央委员会（Central Board of Secondary Education，CBSE）和北方邦委员会（UP Board）。两者有天壤之别。中等教育中央委员会具有私立性质，所以其隶属学校收取费用是理所当然的。中等教育中央委员会受辖于印度首都德里。印度一些地区有比中等教育中央委员会地位更突出的教育委员会，瓦拉纳西也有隶属于这类教育委员会的一些学校。其中，最具代表性的例子就是由基督教传教士建立的一所修道院学校。这所学校曾经是这座城市唯一的英语授课学校，现在已有数百所学校进行英语授课。此外，好几所

① 在对教育委员会的讨论中，这种可操作性似乎被抹去了（Aradhana Sharma，2006）。

英语授课学校已经在规模和运营成本上超过了修道院学校。瓦拉纳西人认为，中等教育中央委员会是最著名的教育委员会，这很可能是因为城里最大的私立学校长期以来一直隶属于中等教育中央委员会。

北方邦委员会由瓦拉纳西及其所在的北方邦地区的官员管理。隶属于北方邦委员会的学校会有国家补助，就像人们常说的：学费便宜，甚至免学费。人们把这类学校称为“政府学校”，与“私立学校”有着实质性的区别。

学校类型、阶层划分、授课语言，以及和委员会的隶属关系如下所示：

瓦拉纳西以外的名校（以英语授课）

- 杜恩学校（位于德拉敦）
- 现代学校（Modern School，位于德里）
- 伍德斯托克学校（Woodstock School，位于穆苏里）

瓦拉纳西的学校（隶属于北方邦委员会、中等教育中央委员会）

- 萨拉斯瓦蒂学校（Saraswati School，以印地语授课）
- 西克莱斯特学校（Seacrest School，以英语授课）

瓦拉纳西与教育委员会无隶属关系的学校类型

- 大多数宗教学校
- 志愿者学校
- 非正规的教育学校

语言在区分学校时起着双重作用。首先，人们假设一所学费昂贵的私立学校（通常隶属于中等教育中央委员会）以英语为授课语言，而一所公立学校（通常隶属于北方邦委员会）以印地语为授课语言。“Medium”是印地语和英语中的一个常用词，指的是学校的主要教学语言。不过不能一概而论，私立学校并非一定以英语为授课语言，公立学校也不一定以印地语为授课语言。通过一系列复杂对比后（本书之后将会论及），我发现人们在论及学校时，通常将它们与各自的授课语言相联系，并将之与学生及其家庭、教师之间的许多差异联系起来。总而言之，人们提到一所学校的授课语言时，无论是印地语还是英语，必然会谈论相应模式下学校产生的教育价值，这些价值体现在国家对特定教育委员会和官僚机构的认可和支持上。然而，这些价值是非常不稳定的。

语言也在学校区分中扮演角色，因为只有在获得委员会认证的学校中，授课语言的差异才显得重要。大家一致认为国内和国际知名的学校（如距离瓦拉纳西很远的杜恩学校）以英语授课，而没有委员会隶属关系的当地学校根本不会被人们讨论是以印地语还是英语授课这样的话题，因为以英语授课就是无稽之谈。有委员会隶属关系的学校才有资格举办十年级和十二年级的考试，在这些学校中，语言教学的区别是最重要的。因此，语言在学校教育中起着重要作用，这种作用体现在以阶层分化为基础、以向上的阶层流动为动力的实践中。一所学校的授课语言问题的确与它的委员会隶属关系问题，以及其他问题联系在一起。

教育资本这一概念有助于解释人们是如何在学校系统中进行投资的，但这种投资的方式并不是当前他们的经济或文化资本所能预测的。换言之，学费昂贵的学校并不排斥那些有向上流动意愿的阶层来就读。因此，学校成了“成为中产阶层”中不可避免的一个机构（Baviskar and Ray, 2011：19）。确实，大多数可被视为新中产阶层的人都缺乏一样东西，即上文提到的古都所拥有的富足感。如果古都学业失败了，还有一份有保障的工作等着他。我曾遇到过很多孩子，他们的父母费尽千辛万苦供他们上学，如果没能升学，他们就没有任何保障。他们非常渴望能成为新中产阶层中的一员。

英语在印度教育中的多维意义

许多民族志研究都认为，人们意识到了在印度自由化的过程中，教育对于理解阶层至关重要，但主要还是集中在英语这一语言上。英语这一语言与许多关于印度社会变革的观点产生了共鸣：“经济、政治、知识和社会的力量共同推动了英语热潮。最后，英语被视为发展、现代化和科技进步的语言。”（Rubdy，2008：136）莉拉·费尔南德斯（Leela Fernandes，2006：xviii）记载了孟买市新中产阶层的崛起，以及这个阶层在全印度发行的广告形象中的重要性。费尔南德斯认为，接受英语教育已经成为印度新中产阶层的一个典型特征，这个群体主要包括中产阶层中说英语的城市白领阶层，他们正在从新的就业机会中受益。

费尔南德斯严谨地将那些在自由化开始时就能说一口流利英语的人，和那些在自由化开始以后因自身抱负而要学习说一口流利英语的人区分开来。如在孟买等城市，金融业和企业高层的工作需要流利的英语，这与能胜任这份工作紧密相关，而内陆落后地区除外。另一些人则把这些阶层混为一谈，把中产阶层视为自由化进程中涌现的一个群体。费尔南德斯解释道，想要习得一口流利英语的人选择了英语授课学校和培训机构，因此这样的学校和机构数量激增，但培训质量参差不齐。人们说英语的方式经常会显示出社会阶层，这常常使下层社会的人们失去自己苦苦追寻的就业机会。学校教育，特别是相对昂贵的英语教育，对渴望加入新中产阶层的人而言，已经成为一种越来越有吸引力的消费活动，但是大量增加英语授课学校和培训机构的数量并不能保证他们取得成功。

鲁奇拉·甘古利-斯克拉斯和蒂莫西·斯克拉斯（Ruchira Ganguly-Scrase and Timothy Scrase，2009：136－137）在研究新自由主义改革对加尔各答中产阶层的影响时指出："从 20 世纪 80 年代初开始，英语在印度的受欢迎程度急剧上升。除了说英语者（主要是上层阶层和中产阶层）的阶层地位不断上升，以及随之而来的社会和政治影响、各种学校和培训机构的英语教学规模不断扩大，英语口语学院和私立英语学校（有许多学校的教学质量得不到保证）如雨后春笋般涌现，特别是在城市地区。"他们同意费尔南德斯的观点，认为对于那些希望在呼叫中心和业务外包等新兴"智能"行业工作的人来说，英语的熟练程度实际上是一个先决条件（Ganguly-Scrase and Scrase，2009：149）。

克雷格·杰弗里、帕特里夏·杰弗里和罗杰·杰弗里（Craig Jeffrey，Patricia Jeffery，and Roger Jeffery，2008：46）在研究瓦拉纳西所在的北方邦西部的比杰诺尔地区时发现，英语教学机构的兴起反映了大部分城市和农村人口渴望自己的英语越来越熟练。虽然在人类学家研究的对象中，没有一个人能够像孟买或加尔各答的新中产阶层那样获得就业机会，但高种姓群体贾特人已经开始投资中等教育，主要是为了让儿子能从单一的农业依赖中脱身，以“分散经济风险”。生活在农村地区的贾特人往往能够利用城市的亲属网络，让他们的儿子在更好或更高层次的学校接受教育。最好的教育是英语教育，学费高昂，而且学校不在比杰诺尔地区。20 世纪 90 年代初期，三个最富有的贾特家庭的父母就把他们的儿子送到了德拉敦的私立寄宿学校接受英语教育。

一所由德里政府管理的女子学校是个例外。在这所学校就读的学生大都来自经济条件一般的家庭，充其量，他们的父母在政府部门工作，可能是小职员、办事员或保安（Vaish，2008：4）。事实上，这所学校的初衷是“为印度城市中贫困的人提供服务，让他们有机会接触英语这一语言资本，因为在 20 世纪 90 年代之前，英语一直是中上阶层才能学的”（Vaish，2008：93）。直到 1999 年，这所学校都是以英语授课，但是校长觉得学生适应不了全英语教学，所以为基础较弱的学生开设了一门印地语课程（Vaish，2008：3）。

瓦伊什（Vaish，2008：100）发现了学生在学校所学的英语和呼叫中心工作人员在工作时必须使用的英语之间的不同，并将呼叫中心工作人员的身份描述为“混血儿”。虽然学校提供不了在呼叫中心工作时所需的英语能力，但是由“这类学校提供的‘应急能力’”所带来的就业机会有多重积极意义（Vaish，2008：90）。本书提出的论点与瓦伊什在印度语言、学校和社会阶层三者交叉作用方面的乐观看法有所不同。瓦伊什的研究集中在这所致力于把英语引入弱势群体的萨尔沃达亚学校。本书的重点是，在一个没有呼叫中心服务的城市，如何通过印地语或英语教学区分不同类型的学校。瓦伊什的乐观态度在一定程度上是为了反驳对全球化过于悲观的看法。提到全球化就会提到对英语的关注，这一点不足为奇。我发现瓦拉纳西人用英语与全球的联系来描述一种学校，并将其和另一种与印地语相关的学校进行对比。

当代印度学校教育对英语的重视本就合乎情理而且在预料之中，原因有二：一是殖民时期的教育政策使英语处于比印地语和其他语言优越的地位，二是全球化进一步加强了英语教学在阶层流动中的作用。沃什布鲁克

（Washbrook，1991）认为，殖民冲突不仅涉及不同的语言，还涉及通过不同的方式来衡量语言与社会、世界的关系。英国人对语言标准（产生了语法和词典）和语言群体（产生了语言普查）的观念根本不适合印度，因为这些观念是建立在关于实质、上下文可变性和相对多元语言的观念之上的。沃什布鲁克（1991：187）还认为，多元语言使南亚在英国人的眼中成为一个“巴别塔之国，由于当地居民的反常行为而长期陷入混乱”。

特劳特曼（Trautmann，1997）记录了英国人对南亚语言态度的转变。被特劳特曼称为“崇尚和美化印度”的时期的显著特征之一是英国人对南亚语言有着浓厚的兴趣，哪怕只是对南亚语言能够为根植于《圣经》或重振英国美学的假说提供素材的兴趣。这一时期从 1760 年一直持续到 19 世纪初。随之而来的是“恐印”时期。这一时期的特点是英国人贬低印度的本土语言和思想，他们以本地人缺乏理性来拉开与其的距离，从而提升自己的道德水平。

在特劳特曼所说的“恐印”时期，殖民政权内部关于英语和本土语言在学校、英国文学界的地位争论得面红耳赤。[①] 基督教道德主义者和功利主义者的理论针锋相对。道德主义者声称：“对英国文学的研究仅仅成功地创造了一个印度绅士阶层……他们在智力上是空洞无物的，才不配位。”（Viswanathan，1989：159）功利主义者声称：“道德主义者的人性化实际上是在逃避责任，避免让印度人掌握必需的知识以造福社会。”（Viswanathan，1989：158）只有当印度人在竞争性的殖民计划中表现欠佳时，道德主义者和功利主义者才会对政策进行批判。在这些错综复杂的争论中，印度社会出现了一群精英，他们的身份在一定程度上是由英语构建的，他们通过接受教育来学习英语。

在殖民时期，有许多人主张并身体力行地用本土语言来开展教育。森古普塔（Sengupta，2011：35）在描写殖民时期的孟加拉地区时，阐明了“受尊敬的人”或高种姓人对当地教育的极大兴趣：“除了英语，用孟加拉语教育学生，将确保教育不仅仅是一种‘西化’，还是一种‘现代化’。

① 这些争论围绕着殖民计划中的核心矛盾（促进资本主义扩张所需的官僚制度与通过传播西方知识对一个堕落的、无能的社会进行道德改革之间的矛盾）展开。

在面对殖民文化时，对于自己文化的保留，无论怎样重新配置，都不可避免地会滋生文化焦虑，这是所有殖民社会的特征之一，而英语授课学校为‘受尊敬的人’提供了一个解决方案。”学校教科书对现代印地语的标准化起了重要作用（Orsini，2002）。然而，这些学校并没有获得与英语教学机构一样的声望，因为英语教学机构还提供了接受高等教育和就业的途径。塞思（Seth，2007：19）在描写殖民时期的孟加拉地区时，解释道：“在当地，取得中学毕业证书通常意味着接受过一定程度的印地语教育。然而，据报道，这种学习制度并不受重视，因为即便是一个低级别的政府岗位，也会要求获得更高级别的资格证书、接受更高级别的英语教育。”随着教育水平的提高和政府岗位的增加，英语教育变得十分有必要。

在独立后的印度，印地语授课学校和英语授课学校之间的双重关系在很大限度上得以保留。“‘亲英语派’的常见论点是：教育平等、地方语言贫乏且无法达到教学要求、与地方语言相关的书籍匮乏、大规模翻译任务几乎不可能完成，以及学者的接触和流动性。”（Verma，1994：119）因此，在印度独立之后，英语能力和中产阶层之间的直接联系一直存在。这种联系以私立学校的形式体现出来（K. Kumar，1996：61）。一本关于印度英语社会语言学的著作指出，学者之间流传着“如今，会说英语仍然是在印度获得好工作的唯一保障”这样的说法（Nadkarni，1994：131）。简言之，英语被视为“中产阶层的包袱”（Khubchandani，1994：78）。胡布昌达尼（Khubchandani）所说的“包袱”指的是“行李”之类的东西，而不是心理学术语“问题”。而且，正如费尔南德斯等认为的那样，以英语为授课语言的学校教育在人们心中占据了越来越重要的位置。它使已具备英语知识的人能够很好地利用自由化带来的全新可能，其他人则试图主要通过学校教育来学习英语。印度国家教育研究与培训委员会（NCERT，2005：37 转引自 Advani，2009：50）在 2005 年制定的《国家课程纲要》中强调了英语在印度社会阶层话语中的突出地位：“会讲英语现在已成为大部分人的愿望，以及谋生、求知、获得权利的必经之路，因此必须有效提升英语能力。”

印地语授课学校和英语授课学校，以及监管这些学校的许多官僚组织都使用了一些相同的词语。当代印度教育明显的殖民痕迹体现在表示共同目标、实践和思想等的词语上。事实上，“复杂”① “费用” “学费” 和“委员会” 等词在英语和印地语中都占有一席之地。在几乎完全用印地语进行的对话中，我会经常听到和使用这些词语。一些瓦拉纳西人称有些术语是印地语，这些术语对“语言之间界限分明的自然性” 产生了怀疑（Woolard，1999：23）。然而，在学费高昂的英语授课学校这一精英相对集中的环境中，任何可能被认定为印地语的单词都没有被用来指代事物、习俗或想法。虽然印地语授课学校使用 kāgaj（纸）和 kalam（笔）这样的术语，学费高昂的英语授课学校却没有使用。那些可能被认定为英语（但通常被视为印地语）的术语在印度北部的英语授课学校和印地语授课学校中被普遍使用，而那些可能被认定为印地语（但不被认定为英语）的术语只会在印地语授课学校中被使用。毫无疑问，这种现象表明了当代印度学校教育中授课语言制度分化的殖民起源（K. Kumar，1991b）。

全球化提高了英语的重要性，因为它似乎无处不在，而且可以与遥远的其他国家建立联系。这在印度具有特殊的意义。有时，英语与全球的联系为印度某些政客的民族主义防卫言论服务。印地语经常被拿来作为对比。梵文是一种古老的语言，印地语则是其当代表现形式。

当然，全球化是一种超越印度国界的概念。然而，这一概念的某些方面与印度教宗教激进主义右翼政客对它的具体运用大体相似。全球化通常会带来两极分化。一方面，有人认为“所有全球化进程的错综相连和循环往复” 来自“令人兴奋的、乌托邦式的推动力”（Jacquemet，2005：258－259）；另一方面，那些坚持“反乌托邦、新马克思主义或后马克思主义的政治经济批判” 的人，倾向于认为全球关系是“对立和不对称的”（Jacquemet，2005：259）。印地语进入了学校教育体系（即使经常处于从属地位），但在瓦拉纳西，英语的意义取决于印地语。在与人们谈论学校教育时，我发现谈论英语教育总是会引起人们谈论印地语教育，反之亦

---

① 像“复杂”（kāmpleks）这样的术语强调了用书面文字表示语言的方式给任何研究语言互动的学者带来了伦理上的困境，即从关注标准化和非标准化形式之间的区别（Jaffe，2000），到关注与音译有关的选择（Schieffelin and Doucet，1998）。

然。语言如此，由语言决定的机构也是如此。

此外，虽然人们对印地语和英语之间的区别的思考在某些方面反映了他们对全球化乐观和悲观的看法，但印地语和英语教育可以通过多种价值领域变得有意义。从一个价值领域转移到另一个领域——例如，从地方转移到国家——可以改变授课语言之间的关系。传播方式对不同情况下印地语和英语的关系也有很大影响。例如，当人们谈论印地语授课学校和英语授课学校时，瓦拉纳西的印地语授课学校和英语授课学校就有可能被视为有价值的学校。但是在当地发行的报纸上刊登的学校广告不是这样的。

总而言之，人们能不能通过语境理解内容，语言和交流是灵活机动的还是缺乏符号流动性的，不仅是差异问题，也是不平等问题（Blommaert，2010：3）。有时，以印地语和英语为教学语言的教育表现形式似乎在分割世界，或者似乎建立在对世界的全面认识之上。我试图证明这些表现形式和观点从来都不是全面的，而是片面的。

语言意识形态、教育机构和授课语言

语言意识形态是一个理论概念，它使我能够理解印地语和英语在印度北部学校教育问题中的相互影响。借由语言意识形态，参与者（在话语中）形成对语言种类及其差异的理解，并将这些理解映射到人、事件和活动上（Gal and Irvine，1995：970）。演讲者谈论语言时，通常关注的是人、事件和活动，我认为他们还应关注教育机构。教育机构是语言意识形态产生的关键场所："一个社会对语言的信念——作为民族主义的象征、差异的标志或同化的工具——经常通过教育机构被复制或挑战。"（Wortham，2003b：2）

迈克尔·西尔弗斯坦（Michael Silverstein，1992）把话语中产生语言意识形态的一个方面称为"显性元语篇"，指的是公开描述语言现象与其使用环境之间的关系。需要注意的是，明确命名或描述一种语言的话语是非常重要的，因为它经常包括对语言形式、适当或不适当的使用、有特点或无特点的使用者，以及与其他语言的关系的评论（Mertz，1998）。本书将介绍这样的话语，因为它提供了将机构与机构、机构与社会群体联系起来的可能性，这些可能性往往与对话或访谈中出现的不同时期有着复杂的关系。事实上，瓦拉纳西人对以印地语和英语授课的教学方式有很多话要说。

在关于语言意识形态的研究中，无论何种类型的教育机构都在很大限度上被忽视了。其中一个原因是学者们倾向于关注显性话语，而忽略了参与者之间的其他关系、参与者的语言输出以及正在发生的事情的非指涉方面（Patrick Eisenlohr，2004）。也有学者认为，只关注机构内部和有关机构的显性话语，就能避免“不太显性的机构和语言实践”的风险。人们对语言意识形态的概念和机制已经有了越来越深入的理解，但要理解它是如何映射到人、事件和情境中的，还需要分析制度和日常实践是如何构成这种意识形态的（Eisenlohr，2004：63）。我从人们的日常交流和访谈内容（如“去印地语学校上学是好事，因为印地语是我们的国语”）中，对印地语授课学校和英语授课学校有了些许了解。

然而，这样的描述并没有详细说明印地语授课学校和英语授课学校之间的区别是如何影响人们对其进行反思或利用其进行社会评论的。通过语言中的一些可能性，教育机构变得有意义。例如，成本、和委员会的隶属关系实际上并不能预测一所学校的地位，反而会让人产生这样的假定，即不仅要考虑在人类学田野调查中的对话者的陈述，也要考虑支撑这种陈述的机构实践。有些发言者会以不同的方式来应对这种现成的机构话语结构。例如，并不是每个瓦拉纳西人都认为印地语授课学校和英语授课学校之间的区别是有意义的，其中的原因各不相同。通过追溯语言意识形态在机构内的实践及其在话语中的传播，本书试图解释“语言概念和使用的情境性、片面性、趣味性”（Errington 1999：115）。

2007 年，我与贝拿勒斯印度教大学的两位教授进行了交谈。虽然贝拿勒斯印度教大学是一所中央大学，与印度的精英高等教育机构齐名，但在过去几十年里，它的声望有所下降。许多人对其声望下降的解释是，那里开设的许多应该用英语授课的课程却多用印地语授课。其中一位教授米什拉（Mishra）已在瓦拉纳西任教大约 10 年。另一位是蒂瓦里（Tiwari）

教授，来自另一所规模小一点的大学，已任教 30 年。在向他们阐述我之前所做的研究时，他们这样回应道：

米什拉教授：你可以深入了解这种语言（印地语）背后的情感。你会在这里发现一些共同的东西，比如，与印地语息息相关的民族主义。你不妨深入了解一下。就印地语而言，有时候你会发现这不是真诚的民族主义，因为有些人不懂印地语，但他们比我更具有民族主义。有时候你会在这些人身上发现一种民族危机、文化危机。因为，他们也需要英语。

蒂瓦里教授：但事实上，英语对我们来说只是一种方便使用的语言。因为印地语只能让你有国家归属感，而不能走向国际化。我们印度人可以与世界隔绝，但和其他国家一样，我们也讲英语。尽管如此，就印地语而言，正如米什拉教授所说，印度的官方语言永远不可能是英语。这个国家希望用印地语来看待自己，用印地语来感受自己。所以，孩子们知道英语的力量，因为他们想要在市场竞争中和生意场上出人头地。英语普及度越来越高。教育需要英语，受益于英语。也许我们站在坚实的土地上，英语是我们的天空。所以，我们要立足印地语之土地，仰望英语之苍穹。

我对蒂瓦里教授提出的隐喻很感兴趣，因为如果从对话的角度来考虑，这种隐喻展现了语言意识形态的诸多特征。蒂瓦里教授利用米什拉教授将印地语与情感联系的方法，将政治操纵的可能性转化为与世界的稳定联系。她还将米什拉教授关于政治操纵的概念转变为国家边界，而非国际边界的标志。

蒂瓦里教授提出的隐喻打动了我，于是我听了录音。米什拉教授再也没有提到印地语的政治用途问题，蒂瓦里教授提出隐喻后就找借口离开了。不过，在蒂瓦里教授离开后，米什拉教授就解释道，蒂瓦里教授一直在印地语授课学校接受教育，直到大学毕业，他自己则在印地语授课学校和英语授课学校都接受过教育。我注意到，米什拉教授和蒂瓦里教授最初的评论都不是关于学校的，但是我发现，在蒂瓦里教授离开后，关于授课语言的探讨引起了米什拉教授关于学校教育的探讨。我无法解释为什么米什拉教授在蒂瓦里教授离开后会开始谈论学校，因为他从未解释。但从短暂的交流中，我可以证实印地语和英语交织在一起的本质，二者的分歧在对话和人们生活中产生共鸣的方式的多样性，以及学校教育在反思世界、国家和自我方面的相关性。

田野调查背景

我曾多次前往印度北部的不同地方旅行，旅行时长不一，并在此基础上开展研究。为期长且地点多样的研究让我更加言之凿凿。尤其是对特定类型学校里的学生及其家庭来说，本书关于授课语言的论述是持久有效的，并且具有广泛的重要性。从 1996 年 10 月到 1997 年 10 月，我对瓦拉纳西的学校进行了第一次田野调查。这个城市大约有 200 万人口，因系印度教圣地而闻名于国内外。劳伦斯·科恩（Lawrence Cohen，1998：9）从恒河中航行的一艘船的角度描述了他对这座城市的一种非常刻板的印象："风景——河流、石阶、小巷、船只和游泳者——都寡淡无味。它在很多方面代表着整个城市的宗教、旅游、卫生、学术。"除非他们是学者，否则外人不太熟悉这是瓦拉纳西独有的。尼塔·库马尔（1988）记录了瓦拉纳西人对恒河的描述：恒河就是一个供大家娱乐和消遣的地方，河对岸的城市是一个相对自由之地，城市的小巷则是无忧之地。

瓦拉纳西及其所在的北方邦东部地区的休闲和娱乐业，在很大程度上落后于印度 IT 行业（包括呼叫服务行业）。IT 行业的发展依赖于大量会说英语的人才。尽管如此，这座城市还是提供了一系列工作岗位，尽管这些岗位不适合费尔南德斯（2006）所提到的已经具备英语能力的新中产阶层。每年有数以百万计的朝圣者和其他游客慕名而来，了解瓦拉纳西的神圣习俗、参观特色景点。因为我经常在学校里做研究，所以对朝圣者、游客和大量依赖旅游业为生的人们不是很了解。在我调研的学校里，很少有学生家长热衷于瓦拉纳西的宗教活动。我的房东跟我解释道，朝圣活动有利于这座城市商业的发展，但他几乎看不到本地朝圣者的踪迹。在瓦拉纳西的两个主要市场里，可以买到丝绸、玩具和特色纪念品等物件。在河边看到的那些白天与游客交谈的孩子，我都不认识，因为他们不是我经常去家访的那些孩子（Huberman，2005，2012）。事实上，那些孩子正是一些不隶属于教育委员会的志愿者学校的目标群体。

不管是送孩子去印地语授课学校还是英语授课学校，孩子们的父母的职业差别都很大。有的是贝拿勒斯印度教大学的教授，有的则是大学的教学秘书或清洁工，抑或者场地管理员；有的是瓦拉纳西大型柴油机工厂的工程师，有的则是厂里的秘书或清洁工；还有少数孩子的父母是医生或人力车夫。同一所学校的不同学生家长之间的收入差距，可能比从事低收入工作的家长和志愿者学校的家长之间的收入差距要大得多。因此，中产阶层并不排斥送其孩子去印地语授课学校上学，正如在英语授课学校接受英语教育已经成为阶层流动的必经过程一样。

毋庸置疑，种姓这一社会现实的复杂性与阶层不分上下，但两者之间的关系在自由化时期已经发生了变化。众所周知，许多高种姓的农村婆罗门和城市婆罗门牧师都已经屈居于阶层的较低位置。瓦拉纳西因“达利特”在城市里从事殡葬行业后跻身城市最高阶层而闻名（Parry，1994）。2009 年，印度《儿童免费义务教育权利法》规定：私立学校要为贫困学生保留 25%的名额。这些学生通常来自“贱民”和低种姓家庭，但也有例外。有谣言说这些学校不喜欢这类学生来上学，只会鼓励那些得高分的学生留下来。因为“达利特”的住所远离其他人，所以政府为他们的孩子建立了志愿者学校或非政府组织学校。他们无法负担寄宿制学校的学费和其他费用，即使是那些有国家补贴的学校，他们的孩子也上不起。上了大学，低种姓的孩子就想学习英国文学，因为他们在英国文学中找到了共鸣点，但这似乎是研究生的课程（Mukherjee，2009：37）。

从大学预科教育的角度来看，瓦拉纳西和它周围的城市（如阿拉哈巴德、戈勒克布尔、巴特那）有很多相似之处。尽管这些城市周边农村地区的农业生产效率较低、人口密度较大，而且普遍比西部的农村地区（如阿格拉、德里、哈里亚纳邦和旁遮普邦）更加贫困（Gupta，1998；Wadley，1994）。这些城市里本就有多种多样的学校可供孩子们选择。在瓦拉纳西和印度北部的其他城市，人们将各个学校分门别类：中央学校（由德里政府管理）、修道院学校（由基督教组织管理）、公立学校（由学校所在的特定邦政府管理）、私立学校（由拥有学校的个人、家族或组织管理）、宗教学校（学生在这里学习《古兰经》和伊斯兰教教义）、蒙特梭利学校等。

起初，我集中在萨拉斯瓦蒂和西克莱斯特这两所学校调研。基于我的个人关系和学校的行政关系，我选择了三所适宜的学校。我的女房东的两个女儿（一个上九年级，另一个上十一年级）和萨尼先生的女儿一起就读于萨拉斯瓦蒂学校。萨尼先生的儿子就读于学费更贵的西克莱斯特学校（De et al.，2011），这是许多北印度家庭中常见的一种模式。从女孩们上的年级可以知道她们在大楼一层的学校上学，因为楼上的学校是为一到八年级的学生开设的。后来我才知道，尽管人们都称这两所学校为萨拉斯瓦蒂学校，但它们截然不同。楼下的学校只招收女生，人数约占两所学校近1 600 名学生的一半。楼上的学校则是男女同校。楼上学校的校长解释说，她的学校是一所收费的私立学校。楼下的学校隶属于北方邦教育局，是一所公立学校。楼上的学校隶属于印度北部众多私立邦委员会之一，但不隶属于中等教育中央委员会。在接下来的讨论中，学费构成和学校隶属关系在区分学校的授课语言方面发挥了重要作用。

人们称这两所学校为萨拉斯瓦蒂学校，就读于这两所学校的大多数学生都住在新殖民地（New Colony），也就是这两所学校所在的社区，我也住在那里。几十年前，新殖民地计划是政府出台的一项政策，为政府员工提供体面的两层楼住房和补贴。20 世纪五六十年代，许多住在附近的人卖掉了他们的房子和地皮，搬到了其他地方。新殖民地的林荫大道两侧建造了一幢幢新的高楼大厦，这样就只剩下几十栋原来的房子了。人们一度认为，新殖民地似乎会成为瓦拉纳西的豪华社区之一。然而，中下阶层（其中包括我所寄宿的家庭）蜂拥而来，他们在新殖民地林荫大道后面的小巷里建造了简陋的小屋。在邻近豪华社区的边缘，这片贫民窟的面积不断增加。随着每一次季风的到来，林荫大道上都会洪水泛滥。重重阻碍之下，新殖民地终究未实现成为豪华社区的梦想。这些学校的学生群体反映了大多数社区中下阶层的生活状态。他们大多来自靠父亲养家糊口的家庭，父亲的职业一般是小店店主、秘书或岗位较低的公务员。

我实地考察的第三所学校是西克莱斯特学校。该校校长在采访中强调，西克莱斯特学校与中等教育中央委员会的隶属关系不仅为该校定下了严格的标准，也让该校高昂的学费变得合理化了。这所学校坐落于新殖民地以西约两公里处，紧邻瓦拉纳西南部交通繁忙的一个十字路口。实际上，大多数学生都是乘坐人力车或者从瓦拉纳西南部各地开车来上学。西克莱斯特学校学生的上学方式通常反映了他们优越的社会阶层地位，相较于就读于萨拉斯瓦蒂学校任何一个校区的学生而言，他们的居住地更为分散。但还是有例外。也有一些西克莱斯特学校的学生来自普通家庭，学费和其他费用已达到了家庭预算的极限。也有一些医生、教授和工程师的孩子就读于萨拉斯瓦蒂的私立和公立学校。

西克莱斯特学校已经成为印度北方邦东部地区最大的私立学校。在我1996年进行最初的实地考察时，学校共有将近1万名学生，其中大约2 000人在新殖民地附近的分校上学。到2010年，这所学校已经成立了六所新的分校，其中两所位于附近的城市，学生总数超过2万人。1996年，西克莱斯特学校还只覆盖瓦拉纳西，到2010年，它已覆盖到北方邦东部广大地区。

1996年10月初，我开始了第一次田野调查。之后，大约从10月到次年3月，再从6月到10月，我在学校上课的同时参观学校。在最初几个月的实地考察中，从周一到周五，每天我都会选择三所学校中的一所去参观访问。我去教室上课，等大家渐渐习惯我的存在，感觉没那么尴尬的时候，我会录下课堂互动的过程，在课间或休息的时候与校长、老师交谈，也会与学生交流。放学后，我会随同学生们一起去他们每天都要去的摊位和小店。他们在那儿买便宜的小吃，逗留一会儿，我就趁机跟他们谈论学校、生活环境和他们的梦想。周末和暑假是我去校外拜访校长、老师和学生家长的好时机。在休息时间，我也有机会去德里的学校参观，与中等教育中央委员会在职的或退休的官员们聊天。

几个月后，我每周花两天时间参观访问瓦拉纳西的其他学校，有时需要乘坐人力车前往偏远地区。因此，从这时起到第一年实地考察结束，我每周都要在三所学校各待一天。实地考察让我进一步了解了瓦拉纳西学校深远的教育目标、官僚关系倾向和学生的社会经济背景。在我参观的学校中，圣约瑟夫学校位于城市的西郊，是一所男女同校的私立修道院学校。与西克莱斯特学校一样，它隶属于中等教育中央委员会。我还参观了几所隶属于北方邦委员会的学校。这些学校在年级级数、性别、人数等方面各不相同。有些是专为女生开设的，有些是专为男生开设的，还有一些是男女同校的。我还参观访问了许多没有隶属关系的学校，其中包括两所伊斯兰宗教学校和一所由国民志愿服务团（Rashtriya Swayamsevak Sangh，RSS）运营的学校。国民志愿服务团是一个与政治团体有着复杂关系的组织，它呼吁构建本质上属于印度教的印度（Basu，1996）。还有几所志愿者学校，它们不隶属于中等教育中央委员会，大多位于贫民窟或贫民窟附近，以便为穷困潦倒的学生提供灵活的学习时间、学习用品和符合学生需求的教学方法。

2004 年，我在德里大学度过了 10 周，与语言学、英语专业的研究生们讨论他们对印地语、英语和授课语言的看法。到了晚上，我就以失眠为借口，和我住的宾馆里的保安打牌聊天。他来自邻近瓦拉纳西的比哈尔邦的巴布瓦镇。与我在瓦拉纳西的萨拉斯瓦蒂学校、西克莱斯特学校共事过的人相比，他的阶层地位较低，他对印地语和英语的看法与那些在教育委员会工作的人截然不同。他的月收入约为 1 000 卢比（约折合人民币 85 元），勉强能送两个孩子去一所以印地语授课的公立学校就读。他说，英语在当代生活中很重要，但印地语是母语，应该受到尊重和珍惜。然而，他所举的关于英语价值的例子，与我在瓦拉纳西共事过的那些人的解释大相径庭。

我在 2007 年和 2010 年的两次旅行中，一共在北印度待了 22 周，主要是在瓦拉纳西。这两次，我都参观访问了尼尔曼学校。尼尔曼学校创办于 1988 年，是一所瓦拉纳西前所未有的，为各阶层的人提供教育的学校。简言之，尼尔曼学校试图让家长参与教学活动，提供小班教学，并要求学生养成自律的习惯。我大部分时间都在这所非典型学校之外，参观我以前待过的学校。我采访了学生、老师，当然还有校长，其中两位校长是 1997

年新来的。

在语言问题上，我的诸多想法和我在最初的实地考察中发现的思路不谋而合。人们认为英语是一种国际语言，能让他们去瓦拉纳西以外的地方寻找当地没有的工作。人们仍然把英语和印地语相提并论，强调印地语的母语地位，并认为要成为印度人就必须掌握印地语。然而，一个新的发展趋势引人注目。许多人在评论英语的重要性时，开始把重点放在辅导机构上，这些机构为那些已经完成学业或大学毕业的人提供英语会话课程、面试练习和行为举止建议。尼塔·库马尔（2011：240）引用了瓦拉纳西一家辅导机构管理者的话："看，在大都市，如果孩子攻读专业学位，他们就能找到工作。在落后地区，像北方邦东部的普凡查，除了当劳工和在政府部门工作，根本就没有就业机会。通过参加辅导机构的培训，孩子们试图获得参加联合入学考试等全国性考试的资格。"根据库马尔的研究，这类机构里的许多孩子认为，他们在辅导机构接受的个性化指导要优于他们在学校获得的教育。在学校，纪律、教科书和考试是最重要的。我只能肯定地说，许多获得教育委员会认证的学校里的老师和学生意识到，与印地语相比，英语是面向瓦拉纳西以外的地区的。在被称为自由化的时期，这种观念仍然保持了显著的一致性（Ka. Hall，2002：122）。

全书规划

第一章从母语这一特定的意识形态视角来考察印度的教育。本章提出，在关于印度社会语言学的大量研究中，学校教育缺席的原因之一可以追溯到对母语概念的理解。研究印度语言差异的学者们认为，学校是现代化的机构，标准化的语言种类使母语使用者无所适从。相反，第一章表明，母语概念是瓦拉纳西的许多中产阶层了解学校使用的语言（印地语）和学校类型（印地语授课学校）的主要手段。瓦拉纳西人认为印地语是所有人都能使用的语言，因为这是他们的母语。尽管许多教育工作者明白，随着教育体系的完善，印地语会使一个人处于越来越低等的地位，他们仍坚持认为一个人应该为自己的母语感到自豪。反过来看，能说一口流利英语的人则认为醉心于英语会产生华而不实之感。事实上，印地语的构成在很大程度上取决于英语。之所以母语概念在学校教育中显得如此矛盾，是因为它既让人引以为傲，又让人觉得它是学校教育的附属品。因此，经济自由化和全球化进程很难使人们一致接受英语，反而会让人们产生一种自相矛盾的想法。

第一章探讨了母语概念对语言群体分化的影响，第二章则转向了国语，用布迪厄的话说，就是印地语授课学校和英语授课学校提供了不同类型的资本。印地语授课学校和英语授课学校的价值可能会发生根本性的变化，这取决于人们如何理解它们与地方、地区、国家和国际舞台的关系。此外，当人们觉得城市里没有教育机构能够胜任教育孩子的任务时，印地语和英语的相关性就会消失。依赖英语的某种价值创造领域表明，瓦拉纳西（或印度）是一个边缘之地。在印度，有多种具有语言价值的领域。这些领域依赖于不同语言的不同符号表现形式，而瓦拉纳西的学校不能参与所有这些领域。经济自由化和全球化进程给语言和教学媒介的区分带来了不稳定因素，正如它们继续将瓦拉纳西置于边缘地位一样。

如果语言通过教育机构未能参与国家价值生产领域的方式，表明瓦拉纳西是国家的一个边缘地区，那么学校广告则以一种特别有力的方式将瓦拉纳西贬为边缘地区。第三章探讨了语言和学校广告中使用的脚本之间的关系，即什么样的学校打什么样的广告。印地语授课学校和英语授课学校之间的区别很明显。瓦拉纳西和北印度随处可见的辅导机构广告，维系了印地语授课学校和英语授课学校之间的区别。第三章比较了瓦拉纳西市内的学校广告和当地发行的全国性报纸上的学校广告。这些差异进一步证明，瓦拉纳西是一个边缘地区，无法提供更国际化的学校教育。任何有关印地语授课学校在印度全国范围内具有价值的说法都消失了，同样消失的还有证明瓦拉纳西能提供有声望的或国际化的英语教育的证据。

对于那些描述学校或参加学校考试的人来说，区分印地语授课学校和英语授课学校似乎是一件轻而易举且不可避免的事。但第四章介绍了一个例外。在一所公立的印地语授课学校，一名老师能够反思自己的过去，并将其与现在进行比较，从而对印地语授课学校与英语授课学校之间明显分化的必然性产生了疑问。我开始珍惜老师的话，因为它们常常颠覆我之前听到的评论。本章援引米哈伊尔·巴赫金（Mikhail Bakhtin）的“声音”概念，探究是什么让这位老师能够跨越印地语授课学校和英语授课学校之间不可避免的鸿沟。诚然，这位老师对学校教育的看法确实不同寻常，因此也间接表明了本书其余部分所探讨的授课语言的普遍性。但是，她的叙述提醒我们，看似不可避免的分歧并非绝对，也不是经验叙述所能重构的。

第五章提出了一些关于如何使用英语的问题，人们对英语的渴望经常被嘲笑。嘲笑者包括那些接受印地语授课的孩子和那些没有或只有很少教育经历的工人阶层。本章研究了学校课堂上的互动，发现在一些课堂上存在着典型的课堂互动惯例，其中，掌握前殖民地语言超出了老师和学生的能力范围。具体而言，印地语老师和学生在讨论英语课文时的互动方式表现出了“安全对话”的许多特征（Chick，1996）。“安全对话”这一概念指的是老师和学生之间进行互动，以弥补他们在语言知识和实践方面的不足，从而挽回面子。在瓦拉纳西最负盛名的一所英语授课学校的英语课上，老师和学生用英语谈论英语课文；而在印地语授课学校，英语老师则用英语和印地语谈论课文，并用印地语对课文进行解释。在这两种情况下，师生之间的互动都很少，学生主要用英语和老师交谈。之所以能做到这一点，是因为印地语授课学校的英语老师既使用印地语，也使用英语，而且她所使用的英语主要来自课文。

第一章　论母语和其他语言：语言意识形态、不平等和矛盾性

萨拉斯瓦蒂学校和西克莱斯特学校的校长指出，我和他们的不同之处在于母语不同。谈及造成学校差异的原因，他们也是同样的口径。他们居然断言母语可以界定学校的性质（反之亦然），这让我大吃一惊，而且这种说法与20世纪60年代以来印度国内发表的大量关于语言的学术论文相矛盾。校长们的言论促使我重读了很多我在实地考察准备阶段读过的关于印度社会语言学的著作。一些印度知名的社会语言学家认为，学校是学习标准化语言的地方，因此与印地语变异的本质不符。他们认为印度是语言变异互补的地方，西方国家则是异化标准化的地方。在他们的著作中，学校已成为标准化问题的代名词。

与印度社会语言学研究将学校排除在外的做法不同，我发现瓦拉纳西及其他印度北部印地语带的居民将学校视为母语集中教学点之一。他们认为所有学校都提供印地语（母语）课程，而且有一种印地语授课学校的大部分课程都采用母语授课。尽管语言、学校和自我之间的关系似乎已经确立，但是关于学校和母语的讨论对理解三者之间的关系仍大有裨益。在本书导论部分，几位校长利用不同学校类型之间的语言差异来证明我们之间的不同。印地语是他们的母语，而我的母语是英语，所以他们认为，这将使我在印地语授课学校和英语授课学校中有不同的经历。

人们在谈论学校时如此突出母语概念的一个原因是，母语在校外的用武之地已经大不如前。出了学校，各种各样的语言都能被称为母语，有时是语言的变体名，有时是根据所在地或对话者的语言来命名，有时仅仅是“语言”（bhāṣā）的泛称。而在学校，人们只把印地语作为母语，以便和

英语明确区分开来。以印地语为母语的概念在语言层面和教育机构中都很突出。因此，无论对于处在不同社会阶层的人还是没有就读于经委员会认证的学校的人来说，母语的意义都非比寻常。然而，这也表明，对于那些希望通过特定的教育实现阶层流动的人来说，授课语言确实至关重要。

在印地语授课学校和英语授课学校上学的人无一例外地都表达了自己对母语的自豪与热爱。然而，当孩子朝着接受更高层次的大学教育迈进时，那份对母语的自豪与热爱开始出现裂痕。印地语授课学校的学生进入陌生的英语授课环境（最负盛名的大学和前沿研究院）后，会产生一种“情结”（kāmpleks）——一种面对英语授课学生和英语环境的自卑感，或者说，他们会感知到接受英语授课的学生自带一种优越感。有人可能会援引保罗·威利斯（Paul Willis，2003）的观点，认为这种“情结”是“文化建构”的一个方面，因为它既不属于印地语授课学校的特质，也不属于英语授课学校的特质。一方面，人们对母语持积极态度；另一方面，宏观层面教育体制的成功须克服唯母语论，而“情结”这一概念似乎可以帮助我们理解横亘于这两者之间的矛盾。

对学校教育的深入反思表明，当语言授课的话语根基不足以对学校经历进行反思而开始分崩离析时，会发生什么。在第一个例子中，一位大学教授批评了那些入学前就在英语授课学校学习的学生的自命不凡，并告诉她的学生要为自己的母语感到自豪。同时，这位教授还说道，她自己也上过印地语授课学校，但因为成绩优异，并没有产生自卑“情结”。在第二个例子中，一位秘书将一名高中生声称自己不懂印地语的自命不凡表现得淋漓尽致。她讲述了自己如何根据一种不被学校接受的语言——比哈尔语——揭开了学生的真实身份。从这些例子可以看出，人们如何通过“情结”这一概念去努力克服学校教育中母语授课的缺陷，但这也表明“情结”这一概念终究不足以描述人们的经历。教授和秘书都属于中产阶层，职业本身都要求能熟练运用英语。然而，这些中产阶层女性根本没有上过英语授课学校，至少在她们大部分的教育经历中没有。可是大多数女性对学校教育的反思都侧重于强调英语教学的重要性。

印度社会语言学中的母语：存在于人口普查，缺位于学校

母语有多重定义，含义宽泛，但经常通过起源、本质将语言和个人联系在一起。因而，母语具有深刻的意识形态性，同时也被人们视作世界客观、本真的一面。学者和外行人为母语的地位据理力争，认为母语是我们最先学习的、最了解的、最常用的一门语言（Skutnabb-Kangas and Phillipson，1989：453）。诸如“坚持将‘母语’作为说话者的第一语言及其真实使用，语言的原真性和道德意蕴，能对真实的自我一览无余”之类的观点并非自然产生的，而是受到历史和政治因素的影响，可追溯到赫尔德（Herderian）有关国语，特别是母语的论断（Woolard，1998：18）。这些论点的应用非常广泛，许多政治运动或呼吁公众承认自己的母语，或呼吁将自己的母语纳入教育体系，或呼吁公共媒体使用母语发言，抑或对与母语相关的惯例或群体进行维护。无论在公开场合还是私底下，保护自己的母语都是一种习得行为，而不是一种自然冲动。但这并不意味这种习得行为无足轻重，或可以被忽视（Mitchell，2009：23）。母语既是社会语言学的现实，也是一个民族创造意识的产物（Pattanayak，1981：54）。母语的概念具有相当强大的意识形态效应。一旦母语的概念流传开来，随之而来的是人们对它的强烈认同感，人们甚至可能会为捍卫母语而奋不顾身。退一步来说，人们可能会认同母语，也可能会认同一个机构和一个群体，下文所述的案例就是佐证之一。

在讨论瓦拉纳西人如何将母语与学校紧密联系之前，我们有必要探究，为什么在印度社会语言学的大量研究中，母语与学校的这种联系会有所缺失。事实上，印度研究语言变体的学者们尤其擅长描述母语令人眼花缭乱的各种含义和用法，他们也擅长找出母语的某些含义与其使用语境之间的联系。他们的主要研究对象不是学校，而是人口普查。在印度的人口普查中，母语的含义可能会有多种解读，语言变体的统计也可能出现错误，学者们乐意探讨印度是如何进行人口普查的。换句话说，社会语言学

家正将人口普查视为一个尤为复杂的语言意识形态生产空间。但学者们不愿意探索另一个具有同样研究价值的机构领域——学校。在涉及学校教育的讨论时，他们倾向于把母语排除在外，认为其缺少稳定状态。从他们的讨论中可以看出，在印度人心目中，母语值得继承和发扬，但是在学校教育中它却逐渐被边缘化。

帕塔纳亚克（1981）在一本经典论著中对母语的含义提出了多种可能性。他谴责将母语理解为“自己的语言”这种老生常谈的说法，认为其过于模糊，不适合用作学术，因为两种或多种语言可能都符合定义标准。他解释道，适用于聋人的“自然手语”和“符号语言”根本不预设任何族群。他援引泰戈尔的观点“梵文是印度诸语之母，正如土壤是蠕虫之母一样”，来批判“母语是其他语言发源的原始语言”的观点。他认为，“未经正规训练就学习一门语言”可以理解成使这门语言成为母语，但不认可其意义。他质疑“让人认知世界的语言是母语”这一观点，指出“认知”是一个模糊的概念。他进一步解释说，母语建立在人们对一种语言的情感依恋之上，而这种情感依恋往往根植于“祖国”，即个人所属的国家或未来所在的国家。通常，母语意味着“认知发展”和“创造”的能力。帕塔纳亚克阐明了一个公认的观念，即“如果不能有效地用母语说话、条理清晰地用母语读写，那么一个人思维的精确度和想法的明晰度就会受到相当大的阻碍”。帕塔纳亚克指出，母语还可能含有“家庭语言”之类的意味，而且这种意味会因家庭里说多种语言而受到挑战。

帕塔纳亚克（1981：47－48）通过研究不断变化的语言描述和旨在征求答案的问题，阐释了母语含义的制度变迁：

> 1881 年、1931 年、1941 年和 1951 年的人口普查都提到了关于母语的问题。在 1881 年的人口普查中，母语被定义为“从婴儿时期就开始说的语言”。到了 1891 年的人口普查中，该术语演变成“父母语”，意为每个人的父母所说的语言。在 1901 年的人口普查中，它被进一步修改为“家庭的常用语言”。在被调查者说双语的情况下，人口普查员所用的语言值得注意。直至 1921 年，它被简化为“常用的语言”。

母语的概念本身，以及对这一概念的描述在每次人口普查中都发生了变化。帕塔纳亚克（1981：48）进而指出，给人口普查员的指示是这样处理母语概念的："1961 年人口普查员收到的指令是，'母语'是个人在童年时期由母亲所说的语言。如果母亲在他幼时就去世了，那么以他童年时期在家中常说的语言为母语。"帕塔纳亚克（1981：48）还展示了不同普查结果的可能性：

> 就以比哈尔语母语者与印地语母语者结婚为例，假设母亲说比哈尔语，只要她一直健在，即便她所嫁丈夫的母语为印地语，孩子的母语也会登记成她所说的比哈尔语。然而，如果在登记母语时，母亲已经去世，那么家庭中最常说的印地语将会被记录为"孩子的母语"。

帕塔纳亚克（1981：49）描述了完全武断的程序，即"调查对象除了说母语，还能说并理解一种以上的语言"，在此种情况下，"在 1961 年的人口普查中，人口普查员将这两种语言都记录为母语"。帕塔纳亚克（1981：49）指出："列表应仅记录调查对象最先提及的语言。"

帕塔纳亚克在印度人口普查关于母语的讨论中所展现出的高雅言辞和极深的研究，没有在学校教育和语言中体现出来。要想理解为什么在帕塔纳亚克和其他社会语言学家的作品中普遍存在这样一种观点，关键在于理解不同社会（如印度社会）中是否可能存在一种持久的、符合当地情况的多语制。例如，潘迪特（Pandit，1977，1979）认为，和西方不同，语言维护在印度是一种常态，这样的话，流离失所的群体只是习得了语言，而不是被同化。阿格尼霍特里和卡纳（Agnihotri and Khanna，1997：33－34）在研读印度社会语言学著作后表示：

> 在印度这样的社会中，语言是在非专制的环境中习得的，这促成了社会文化和认知的渐入佳境、不断丰富。语言行为的变更在沟通中起着促进作用，而不是阻碍作用。语言在不同的领域发挥着不同的功能，因此其特性得以保持。另外，在一些领域，不同的语言逐渐被同一通用语取代……尽管印度的多语制有其潜在的社会语言统一性，但正是这种统一性孕育出了语言的灵活性和可变性。

印度多语制的传统由来已久，在这里，人们可以不受专制环境的制约，自在地学习语言，这便是本文所回顾的印度整体的社会语言学研究的特点。与阿格尼霍特里和卡纳提出的灵活性和可变性的背景相反，言下之意是学校这个机构与多语制并不适配。这个言下之意已经成为一个明确的论点。阿格尼霍特里和卡纳（1997：35）认为学校教育是一种与印度格格不入的制度，转而研究印度政府在 20 世纪 60 年代采取的政策（将在下一章中详细讨论），以批判学校对学生的强制教育："主导政府委员会审议的主要有两大假设。其一，印度的每个孩子都应该习得相同数量的语言；其二，学习印地语和英语对于每个人来说都是至关重要的。但这两种假设都不利于印度社会中多语结构的传播。"阿格尼霍特里和卡纳基于社会语言学的视角，对比了印度的校内语言和校外语言。

达斯古普塔（Dasgupta）提出了另一个经典的批判观点，他用完善的社会语言学概念来描述印度的校内语言。他进一步区分了菲什曼（Fishman，1967）在《延伸的双语现象》一书中提及的"高级"（H）和"低级"（L）两种语言变体。在弗格森（Ferguson，1959）对双语现象的最初表述中，"高级"和"低级"是同一种语言的两个变体。因此，以《古兰经》为标志的古典阿拉伯语可能被视作"高级"语言变体。在菲什曼的重新阐述中，"高级"和"低级"变体可以是不同的语言。在下文的讨论中，印地语可能被归于"高级"变体，因为它被广泛应用于学校和教科书中，而像博杰普尔语这样与家庭、乡村紧密相关的语言可能被视作"低级"的。因此，弗格森认为，即便是同一种语言，也存在书面语与口语、规范语与方言、后天习得与母语本能等方面的语言差异。菲什曼则认为，不同的语言可能会分庭抗礼。达斯古普塔援引这一区别来描述语言和教育之间的关系，"高"和"低"就像一种认知风格。这不禁让人想起伯恩斯坦（Bernstein，1971）对"复杂"语码和"局限"语码的区分，其中，"局限"语码中的交流以先前在某些社会群体或事件中的经验为前提，"复杂"语码中的交流则不以这种经验为前提。

> 因此，教育是两种话语之间的关系。系统性知识的高级话语层次将技术和实践的综合体编纂成简单的元素，严肃而系统的思维将这些综合体分解成简单的元素。学习者的低级话语层次将事物概念化为困难的或

偏离经验的概念，使普通人很难感知和领会。教育是高级世界的简单原则与低级世界的简单规则之间的映射。

（Dasgupta，1993：104）

达斯古普塔与伯恩斯坦观点的不同之处在于，在印度，教室和课本最终成为“高级世界”的所在地，老师和学生的“日常生活”则成为“低级世界”的中心。

达斯古普塔还阐述了“高级世界”和“低级世界”的另一个区别。正如阿格尼霍特里和卡纳在其著作中提到的一样，国家制定了讨论的架构。根据印度宪法第一行，达斯古普塔认为“India”指的是“高级世界”，“Bharat”指的是“低级世界”。根据印度宪法，“India”和“Bharat”指的是同一个对象，即印度。将“Bharat”囊括其中似乎是对殖民前梵文存在的一种承认，表明印度的过去是无法被割舍的。达斯古普塔在翻译时将英语中的“印度”（India）与梵文中的“印度”（Bharat）并列而论，就像“印度的精英阶层”与“普通人”之间没有地位高低之分一样。达斯古普塔（1993：182－183）没有像阿格尼霍特里和卡纳那样，哀叹政府推进政策标准化的趋势，以及授课语言对印度多语主义造成的威胁，而是庆祝“Bharat”的回归，让印度多语主义得以复兴：

在社会和认知方面，印度精英已从教学模式转变为学习模式。在这一过程中，巴拉特的众多区域性集体不均衡地、按地区启动了学习进程。学习进程的破碎性既反映了人们的多元化快乐，也标志着现代化工程无法超越的极限。巴拉特的民族形象开始呈现一种全新样貌，有能力为自己构建一个可信的过去和未来，有能力挑战印度的现存形象，并对印度未来的预测提出疑问。

因此，达斯古普塔将高级变体等同于“教学模式”“印度精英”和单个“现代化工程”，将低级变体等同于“学习模式”和“巴拉特的众多区域性集体”。学校中的高低级变体泾渭分明，只有在学校之外，老师和学生才能体验到“快乐”。

一旦经典社会语言学著作中提到了学校教育，母语的概念就不再与之相关，更不用说在印度人口普查中可能找到的（标准化和非标准化）语言了。[①] 当学校成为讨论的焦点时，语言就不再被视为一种民间称谓，而是作为政策和现代化统筹下的认知。学者们将母语与学校里的语言进行对比，称母语为“另一种语言”（Pattanayak，1981）或“姨语”（Dasgupta，1993），前者的描述疏离了学校语言，后者又赋予了其殖民性质。帕塔纳亚克（1981：63）总结了对母语建构的一系列反对意见，认为学校否定了其他语言变体：“学校教育是自然习得语言的一个重大突破，但是迂腐的学究一心教授着子虚乌有的逻辑，认定各种语言变体不合标准，大肆宣扬家庭语言的不规范性拉低了个人形象，又试图通过教授符合标准的语言来树立自己的权威。”学校教育中使用的语言标志着与自然语言和家庭语言的彻底决裂。

母语与授课语言教学

我无意挑战上述学者的观点，即标准化过程对决策者、政策执行者或接触不到、控制不了标准语言变体的人构成了障碍。在下文的讨论中，结论是显而易见的，这里引用的多位学者的观点都是真实可靠的。学校确实排除了一些特定的语言变体，尤其是那些政策制定者认为非标准化的语言变体。谈论学校便反映了这一点。

在瓦拉纳西，人们将学校划分为不同的类别，通常称其为印地语授课学校或英语授课学校。当出现授课语言问题时，许多语言变体会被排除在外。博杰普尔语就是其中的一种。它是一种语言变体，使用区域与印地语完全不同，但是在印度的偏远地方都可以找寻到这两种语言的踪迹，主要是 19 世纪的契约奴隶制和后来移民政策的转变促进了语言的传播（Barz and Siegel，1988；Eisenlohr，2006；Gambhir，1981；Mesthrie，1991；Mohan，1978）。诱人的就业机会吸引了讲博杰普尔语的人离开比哈尔邦西部、北方邦东部和贾坎德邦北部，来到印度北部的各个城市定居，特别

---

① 我们需要对教育中使用的语言采取务实的方法（如分阶段转变教学语言或者结合教学媒介），并在处理文学问题时，根据同一语言在口语和书面体中的不同要求来考虑多元社会中语言标准化的运作机制（Khubchandani，2003：251）。

是德里市。从殖民时期到现在，官员和语言学家都发现了博杰普尔语的地区差异（Grierson，1967；Masica，1991）。区域语言变体和人们用来认证语言变体的名称之间的关系必定剪不断理还乱，有时还会争议频发。一些外行人、官员和学者都用比哈尔语来指代比哈尔邦和贾坎德邦部分地区发现的博杰普尔语，或居住在北方邦东部和更远地区的移民所说的博杰普尔语，其他学者则对该术语反映的社会语言学变体提出了异议（Masica，1991）。我的目的不是给予这些争议权威性意见，而是承认博杰普尔语的确是一种有着复杂变体的语言，这一直是学术研究中争议的焦点。瓦拉纳西与其自身各种“Banarasi Boli”或“Banaras Talk”的紧密联系，使本就复杂的博杰普尔语命名法更具多变性（Simon，1993：246－249）。①

此外，印地语不同于博杰普尔语主要体现在两个方面。首先，印地语的地域覆盖面更广，一直延伸到北方整个大邦和印度中部地区。住在这一大片区域的人们除了会说印地语，通常还会说一种方言，如博杰普尔语、阿瓦迪语或马尔瓦利语（Gumperz，1958，1964）。在南亚的大部分地区，很难构建一个直接包含地区方言离散类别的标准化语言模型。例如，北印度的大多数方言，从孟买到西部的艾哈迈达巴德，再到东部的加尔各答，实际上是一个连续的语言形式（Shapiro and Schiffman，1981：65）。从地域来说，印地语包括博杰普尔语。与博杰普尔语不同的是，印地语被公认为拥有一个标准化的变体。这对于两种语言之间的关系有一定的影响，因为正如迈克尔·西尔弗斯坦（Michael Silverstein，1996：286）所述：“任何标准化的形式都被赋予了一层优越感，作为一个‘叠加’的语域，用于那些在社会中起作用的交互环境中。”用于报纸、政府出版物和学校教科书等领域的印地语经历了标准化的过程（Dua，1994b；Gumperz，1961；Orsini，2002）。

约翰·冈伯茨（John Gumperz，1958，1961，1964）将语言联盟和标准化这两个概念结合在一起，为瓦拉纳西讲印地语的大区域制定了一个三

① 博杰普尔语通过语言变体“Banarsi Boli”与瓦拉纳西建立起特殊的关系。“博杰普尔语是属于这座城市经营者——洗衣工、船夫、纺织工、理发师和街道清洁工——的语言。它是乐师和玩具制造者的语言。无论是祭司、丧礼助手，还是运送死者遗体的‘贱民’，他们都说博杰普尔语。”（Simon，1995：207）

层模型的标准：一是由统一的语音、形态和句法系统构成的标准；二是在标准范围内有更多的地区性语言；三是在单个村庄内有语音上的差异。苏迪塔·卡维哈（Sudipta Kaviraj，1992a：24）对语言通过殖民过程形成的情形进行了全方位描述："在不到 100 年的时间里，一个由大量方言覆盖的地区在语言学上被分为两三个地区，它们各自使用不同的语言（如孟加拉语、奥里雅语和印地语）。"许多人称标准化变体为纯印地语。对于梵文衍生元素的使用，人们各执一词、褒贬不一（Al. Rai，2001）。① 而使用波斯语和阿拉伯语的衍生元素通常会提到乌尔都语。在 19 世纪末和 20 世纪，想要区分乌尔都语和印地语已经愈发复杂且困难（C. King，1994；Lelyveld，1993；Am. Rai，1984）。一些人强调相似性和共通性，尤其在口语方面，另一些人则强调差异性甚至不相容性。显然，书面体已经将两者区分开来（C. King，2001）。提起波斯悬体（Nastaliq），就会想到乌尔都语，提起梵文，就会想到印地语。②塔里克·拉赫曼（Tariq Rahman，2011：99）详述了划分乌尔都语与印地语涉及的多个层面，他写道：

> 乌尔都语从印地语中分离出来……视书写（印地语对应梵文字母、乌尔都语对应波斯—阿拉伯字母）、词语（印地语中来自梵文的词语、乌尔都语中来自阿拉伯语和波斯语的词语）和文化背景（印度历史和印地语信仰、伊斯兰历史和乌尔都语意识形态）参考而定。语言规划进程导致了一种语言（印地语—乌尔都语）的分裂，即以现代波斯语化和阿拉伯语化的乌尔都语为一端，以现代梵文化的印地语为另一端。两端之间是一个连续体，会根据说话者、场合和环境的不同而向一端或另一端倾斜。

---

① 有人可能会说，印地语与印度教身份之间的关系就如同阿拉伯语与埃及泛阿拉伯民族主义的关系。因此，泛阿拉伯意识形态在语言问题上凌驾于其他意识形态之上，泛阿拉伯主义的语言不是各种"分裂"和"低级"的方言，而是统一和标准的古典阿拉伯语（Niloofar Haeri，1997：798）。埃及与瓦拉纳西的另一个共通之处是，在埃及，精英们经常使用阿拉伯语以外的语言，阿拉伯语无法作为国际语言。但瓦拉纳西的情况非常不同，因为印地语未能提供一个统一印度教身份的泛印度符号，它的使用区域局限在印度北部的"奶牛带"，在其他地区则遭到抵制。此外，媒介话语全面颠覆了政府语言政策的意识形态基础。

② 现在有一部分人使用具有乌尔都语特点的梵文。艾哈迈德（Ahmad）把这种语言变体称为"梵文中的乌尔都语"。他还指出，乌尔都语在学校中的表现一般是"可悲的、凄惨的"（Ahmad，2011：280）。

西蒙（Simon，1986，2003）表示，人们使用博杰普尔语和印地语的方式非常复杂。在交谈时，我们可以发现博杰普尔语和印地语是有区别的，在特定语境中，说话者可以利用这种区别。西蒙指出，博杰普尔语可以表示所谈论的事物（包括某人）具有巴纳尔西语或瓦拉纳西语的特征，尤其是在使用或提及巴纳尔西语的特定种类——Banarsi Boli 或 Banaras Talk——时。在更普遍、更包容的印地语背景下，本地语言越来越受到关注。但是，与博杰普尔语相比，印地语在一些具体场景下对瓦拉纳西的意义非比寻常。

虽然博杰普尔语和印地语在语用上受到了一定限制，但从母语的角度看，这两种语言变体的地位是平等的。这个讨论中提到的所有语言变体的名称确实都出现在母语的讨论中：巴纳尔西语、博杰普尔语、比哈尔语和印地语。有时候人们会因博杰普尔语源于印地语而称两者均为母语。有一句话我早已耳熟能详了：博杰普尔语和印地语都是母语，而且博杰普尔语和印地语是一种语言。在 1997 年我的一次采访中，一名学校老师颠倒了博杰普尔语和印地语之间的典型关系。她利用瓦拉纳西与现代印地语的关系来说明印地语来自博杰普尔语：

> 老师：我们的母语是博杰普尔语。
>
> 我：不是印地语？
>
> 老师：不是。印地语来自瓦拉纳西语，来自博杰普尔语。

达尔米亚（Dalmia，1997）记录了 19 世纪末赫里谢金德尔（Harishchandra）通过编辑和出版工作描述各种印地语变体的努力。他的努力源自瓦拉纳西，他与这座城市结下了不解之缘。达尔米亚也记述了赫里谢金德尔对使用梵文和形态学的偏爱。我在实地考察后发现，人们识别出了这种语言就是纯印地语。这位老师已经抛开了有印地语变体的梵文，这些印地语与瓦拉纳西有着千丝万缕的联系，凝聚着赫里谢金德尔的心血。相反，她让博杰普尔语成为这座城市和印地语之间的纽带。人们还普遍认为，如果要用一个词来描述一个地区语言的话——尤其是源自遥远的比哈尔邦东部的语言——那一定就是一个人的母语。语言标签是溢美之词。当我要求他们描述是什么让他们的语言变得美妙时，他们最常说的是一些简单的问候语或问话，语调平淡，结尾高亢。我是唯一一个以英语为母语的人。

在印度部分地区的学校教育中，只有印地语居于母语的地位。①学校的教科书和考试用标准化语言——印地语、乌尔都语或英语——将博杰普尔语拒之门外。② 反过来，适用于教育领域的标准化形式的知识远远超出了机构界限。我经常询问在学校有没有可能使用博杰普尔语。我的问题得到的答案一般都是否定，偶尔是一笑置之。在我工作的每所学校里，我注意到校长和几名老师有时会用博杰普尔语向非教学人员发布命令。我还注意到校长们与他们的亲戚用博杰普尔语交谈，有当面交谈的，也有通过有线电话或手机聊天的。所以，当我谈起我的这些发现时，和我对话的人回应道，这种语言（博杰普尔语）不适合“教学工作”。他们觉得学校课本和考试采用博杰普尔语的想法很荒谬，更不用说课堂互动了。他们有一整套理由来解释为什么博杰普尔语不适合学校和教学。他们一直将博杰普尔语作为乡村语言和家庭语言，与作为国语的印地语进行对比。因此，印地语可以与国际语言——英语——比肩而立。③

学生和老师倾向于将印地语称为梵文或母语。在我实地考察那一年的初始，萨拉斯瓦蒂学校的校长建议我可以制作一份关于印地语和英语的调查问卷，于是我才获知学生对母语概念的思考。老师们在萨拉斯瓦蒂学校和西克莱斯特学校的六班和九班分发了数百份问卷，结果问卷的答案出奇地一致，以至于我担心是不是老师告诉了学生们该写些什么。学生们不约

---

① 关于马哈拉施特邦的情况，请参见贝尼（Benei，2008）的相关表述。与印地语和其地理区域内的语言情况截然不同，在马哈拉施特邦，马拉地语确立了母语地位。

② 但这并不是说教育是发展标准化形式的唯一途径。克里希纳·库马尔（1990：1247）认为在印地语标准化的关键时期，即 1880—1950 年，期刊和文学作品大量涌现。教科书发挥了把关作用，为印地语的标准化作出了巨大贡献：“期刊扩充和验证了各种新兴的（印地语）文学形式和实践内容，教科书将其中一些形式编纂为唯一合法的形式，并通过排除法来淡化其他形式。”（Francesca Orsini，2002：92）

③ 请注意这里提到的关于授课语言的人类学论述与胡布昌达尼（1984：55）的论述之间的差异：“由于严格的学术基础和选择型教育，尽管非母语者如此密集地使用英语，但在印度，英语并没有被本土语言同质化。英语必然在一定程度上沾染了区域语言的‘风味’，这使南亚英语有别于标准英语（英式英语、美式英语等）。南亚英语最突出的特点是包容区域性的发音偏差。”对于与我共事的瓦拉纳西人来说，比学校对英语本土化的影响更重要的是英语与印地语“比肩”，它们同为教学语言。我把胡布昌达尼视为典范，因为他提出了印度社会语言学研究中最有民族特色的方法之一。

而同地用母语和国语来形容印地语。至于英语，他们都称之为国际语。回想起来，我意识到：即使学生们受到了老师的指示，他们的回应也在问卷答案的范围之外。在与我的交谈中，学生们进一步阐述了他们的观点——印地语是这个国家的母语，理应得到爱与尊重。因此，瓦拉纳西的学生们特意分享了贝尼（2008）的观点。在印度西部马哈拉施特邦的学校里，贝尼描述马拉地语时流露出的爱与尊重就像对待一位母亲。但是，与马哈拉施特邦的标准语言（马拉地语）不同，印地语被等同于国语；而马拉地语仅仅在一个邦内享有至上地位。所以，瓦拉纳西的学生们很容易把印地语等同于印度语。

在采访过程中，一位在瓦拉纳西的一所公立学校工作了10年的老师将印地语等同于母语，她甚至声称人们通常无法掌握“正确”或标准的印地语。这位老师还告诉我，对英语的“狂热”是目前的大势所趋，人们挤破脑袋想进入英语授课学校，其实没那个必要。当我问她为什么没必要时，她回答道：“他们所处的环境中没有英语。”她补充说，一些英语授课学校把出身较差的学生集聚在一个班级里，以与其他学生分开。然后我提到，我听说印地语的拼写和语法对学生来说也很难，这不仅是英语很难的问题了。

> 老师：是的……就像……但是印度人不这样想。他们认为印地语是我们的母语，一定不难。但是想得到印地语学士学位，可比英语难多了。
>
> 我：好吧。他们需要写纯印地语。
>
> 老师：是纯印地语。但是现在没有人讲或写纯印地语了。

老师的评论更加证实了上文引用的社会语言学家著作中的观点：学校教育会让学生对他们平时所讲的语言感到生疏，尤其随着年级的升高。她的评论还表明，学校教育使印地语面对英语时成了母语。因此，学校塑造了人们对母语的看法，母语也塑造了人们对学校的看法——即使这种看法可能失之偏颇。实际上，老师在采访中引用了“背景”一词后，就声称“没有人讲或写纯印地语了”。这样的词很常见，如果像老师这样单独拎出来使用，其可以看作印地语。但是这样的词无法被称为纯印地语。这也许可以解释她使用ghar（房子）这个词的原因，毫不含糊地说它是印地语，但停顿了之后她说了个baikgraunḍ（背景），这是一个常用的词，但肯定是英语外来词，而不是纯印地语。

刚刚提到学生要获得印地语的学士学位比获得英语的学士学位要困难得多。老师是这样解释的，不管是来自印地语授课学校还是英语授课学校的学生，印地语都是他们的母语，因此学生们游刃有余。英语，至少初学的时候感觉很难。就印地语可能很难这个话题，我和这位老师展开了进一步交谈。

> 我：当他们用印地语学习时，就会出现问题。对印度人的意义。
>
> 老师：不会，印度人学印地语不会有问题。
>
> 我：不会吗？
>
> 老师：不会的。如果他们学得好就不会有问题。但学习英语时肯定有问题。
>
> 我：真的吗？
>
> 老师：真的。
>
> 我：在讲或写方面……还是所有方面都有问题……
>
> 老师：都有，在写作和口语方面也是如此。因为他们在所处的环境中接触不到英语。
>
> 我：好的。
>
> 老师：他们身处印地语的环境，所以学得很快，也能很快就学会写。因为印地语是母语。
>
> 我：对。
>
> 老师：但是，他们学习英语的时候就不这样了。

在这一论点中，这位老师对我关于印度人学习印地语“会出现问题”的一般性断言做出了回应。现在回想起来，我似乎把她对印地语在大学阶段的难度的限制性说法扩大到了一般印度人。这促使这位老师重申，由于印地语作为母语的地位，学生学习和掌握印地语写作是很容易的。相比之下，学习英语就会很难。

印地语和英语授课教育交汇时的“情结”

有一个关于印地语授课和英语授课学校的观点，揭示出了这两种授课学校的学生相遇后随之而来的麻烦。“情结”一词的运用与印地语授课和英语授课机构标签联系紧密，但它更与学生有关，特别是学生的心理倾向和情绪。当一个人从一所印地语授课学校转到一所英语授课学校，或者在英语授课学校上学的人与在印地语授课学校上学的人接触时，都可能“形成”一种情结。前一种情况下的人感觉“低人一等”，后一种情况下的人则感觉“高人一等”。

学生会产生这样一种情结是基于印地语授课学校和英语授课学校之间的区别，而不是这两种学校之间的联系。因此，情结这个概念在威利斯（2003：200）看来呈现出“文化创生”的特征，即“现实文化、实际集体生活项目、决策和变化中的，世俗而鲜活的、适度丰富而又往往无法控制的元素组合。”这种情结是对母语的爱与母语在高等教育中的从属地位之间矛盾的表现。此外，当语言授课差异（通常是分离且对立）相继出现时，情结充当了人们极力想去厘清世界的工具。情结这个概念是由受教育的人创造出的一种文化形式，以更好地理解充满矛盾的情境（Levinson and Holland，1996：14）。威利斯（2003：201）解释说，文化创生既不是“简单的复制”，也不是“简单的对立”。这一点在下文中尤其明显，我会举两个例子说明人们声称不受情结影响的例外情况或将逻辑颠倒过来。

在学生升学过程中的几个特定节点，这个情结可能会有所发展。学生在任何年纪都可能生出这个情结，一些英语授课学校的老师确实用这个词来形容那些从印地语授课学校转过来的学生，包括从一年级到九年级。九年级以后转学不太常见，因为学生很快就要参加十年级的考试。学校，尤其是私立英语授课学校，要确保高分，不轻易接收转校生。尽管大多数老师认为一、二、三、四年级的学生不愿说话是因为害羞和年幼不自信，但也有少数人认为是因为在印地语授课学校上学时缺乏英语的交流练习。不过，据说这种情结最常发生在印地语授课学校的学生首次与英语授课学校的学生打成一片的时候，即大学课堂。即使是那些在高中阶段谈到情结的人（如下面第二个例子中的女学生），也指出从印地语授课高中转到英语授课高中是为了尽量减少在即将开始的大学课程中产生情结的可能性。

凡德里·拉马纳坦（Vaidehi Ramanathan，2005a：6）描述了学校的作用，以应对印地语授课学校的学生渴望接受高等教育的困境。

> 如果在 12 年级结束时，接受方言（在拉马纳坦描述的案例中为古吉拉特语，在本部分描述的案例中为印地语）授课的学生的能力被视为不足，那么他们就无缘学习这些“著名学科”（理科）。此外，当方言授课学校的学生被英语授课大学录取后，他们不仅要和英语授课学校的学生一起上课，而且必须用国家规定的同样一套英语试卷进行考试，这是一项艰巨的任务。在很多情况下，这对于许多在方言授课学校就读的低收入家庭的孩子来说是无法克服的困难，所以他们中的许多人在大学期间就辍学了。

拉马纳坦提到的“著名学科”引起了人们对另一种方式的关注，在这种方式中，情结这一概念是从语言差异和学校结构的重合中产生的。在贝拿勒斯印度教大学（Banaras Hindu University）和印度其他中央大学，科学、技术、医学和管理课程都是用英语授课的，而许多社会科学和艺术课程都是用英语或印地语授课的。在 1996—1997 年的田野调查期间，我发现中小学学生声称接受高等教育和从事科学工作是他们自己的，或者某个“聪明”的兄弟姐妹的志向。在 2005 年的田野调查中，“商贸”和“计算机”已经完全取代了“科学”。在如此著名的领域里，被视为高等教育所必需的语言仍然是英语，而且这种观点仍然认为，来自印地语授课学校且想要学习“商贸”或“计算机”的学生，很可能会发展出一种情结。

2007 年，我和汉密尔顿学院（Hamilton College）的本科生帕特里克·哈金斯（Patrick Hodgens）一起去了瓦拉纳西，他对后殖民社会的英语学习很感兴趣。在一次去西克莱斯特学校的访问中，正在上十年级的五名学生邀请我们一起交谈。他们取得了很高的分数，而且有望在中等教育中央委员会组织的考试中取得优异的成绩。帕特里克开始问学生们关于英语和印地语的问题。从他们的回答中可以得出一些普遍的联系：一方面是印地语和母语之间的联系，另一方面是英语和情结的产生。

帕特里克：所以当提到英语时，你想到了什么？

普里亚：英语是一种很大胆的语言，你可以自由表达自己的心情，我感觉是这样。所以我觉得世界各地都需要英语这门语言。我觉得它是一门管理语言，任何地方都需要它。讲英语是一个能很好地表达个人想法的途径。

阿米特：我认为英语是一门全球性的语言，我们在任何地方都可以用英语交流。我们在任何地方都可以继续开展业务活动，开展全球性的活动，英语是必不可少的。所以，英语是非常重要的。

拉杰：先生，英语是无处不在的语言，所以我们不会遇到任何问题。我们对任何事情都可以发表意见。

拉姆：它是工业化的支柱，全世界的人都在用英语交流。没有英语，一个人就无法塑造自己的性格。英语对个性的发展至关重要。

阿布舍克：因为英语是通用的，可以在世界上任何地方使用，所以我觉得在世界任何地方，都能轻而易举地与他人建立起友谊。

我们将他们提及的关于英语的全方位的观点、与商贸的联系，以及与任何人实现交流这些特性进行了汇总、整合。帕特里克在问关于印地语的问题之前，先问了学生的年级。学生们对所提问题的理解程度会改变谈话的方向。

帕特里克：你们读几年级？

普里亚：职业，好的。让我们谈谈职业。

帕特里克（对我说）：什么“年级”？

我：几年级？

帕特里克：不好意思，哪个年级？

我：你是十年级吗？

普里亚：我们是十年级的学生。

其他学生：是十年级。

帕特里克：毕业之后想做什么吗？你们有职业规划吗？

普里亚：有的，我想从事计算机工程，我对数学感兴趣。

> 拉杰：我也是。
>
> 拉姆：我也是。
>
> 阿布希什克：我想从事游戏建模。我想制作游戏，电脑游戏。
>
> 普里亚：他在艺术方面很有创造性思维。
>
> 帕特里克：英语对这些职业很重要吗？
>
> 普里亚：对，我觉得最重要的是塑造自己的个性。有做事情的空间。人们远远就能看见你侃侃而谈的样子，能给别人留下很好的印象。它能突出你的个性。

帕特里克循着普里亚把“年级”理解为“职业”的路径进行了采访。所有学生都回答说他们对计算机工程感兴趣，除了最后一个对游戏设计感兴趣，普里亚说他的研究方向是艺术。当帕特里克提到关于印地语的问题时，学生们对职业、性格和沟通能力的关注几乎都消失不见了。

> 帕特里克：提到印地语时，你会想到什么？
>
> 普里亚：印地语。啊，我也尊重印地语。
>
> 拉杰：这是我们的母语。
>
> 阿米特：这是我们的母语，所以……它的重要性不言而喻。
>
> 普里亚：对，它的重要性无法用言语来形容。用语言……不可能形容。

与英语提供公开表达语言意识形态的多种方式相比，印地语似乎是一门无法表达情感共鸣的语言。能够谈论英语与相对无法谈论印地语之间的对比也可以被视为情结的一种表现形式。

关于学校教育中“情结”的两点思考

两个详细的例子说明了人们是如何使用情结这个概念来阐释学生在学校的经历的。在这两个例子中，母语的概念占据了重要位置。在第一个例子中，瓦拉纳西的一名大学教授表示，情结是基于学生对母语的想法。这位教授认为，来自印地语授课学校的大学生处于严重不公平的不利地位。这位教授后来透露她曾经在印地语授课学校学习。为了说明她曾是印地语授课学校的学生的过去与作为大学教授的现在之间的不协调，她描述了一个所有学校都司空见惯的现象——不管授课语言是什么，“优等生”都能在考试中取得高分。

在第二个例子中，一位政府部门的秘书与这位教授一样，也利用了母语和情结的概念，但二人的目的不同。这位秘书提到了被学校禁止使用的博杰普尔语，这为她的叙述增添了讽刺意味。学生可能产生情结的前提是印地语为他们的母语，而实际上学生的母语究竟是印地语还是博杰普尔语，这位秘书仍抱有疑问。当学校教育成为讨论的焦点时，不应该出现这种情况。

修纳·夏斯特里（Shona Shastri）：“我一直是优等生”

2005 年 12 月，在贝拿勒斯印度教大学的办公室，我与修纳·夏斯特里见了面。夏斯特里教授在贝拿勒斯印度教大学从教社会科学约有 20 年，还兼任系主任和院长。我在一场关于教育的会议上与夏斯特里教授结识，非常荣幸邀请到她参与录音采访。在访谈过程中，夏斯特里介绍了教科书中对授课语言差异的描述——以母语为基本框架，由此会产生一种情结。她也提到自己是个例外，她曾在印地语授课学校学习，但成功避开了这种情结。夏斯特里的观点很值得深思，因为这表明了一个人可以通过获得学校里的身份类别（与语言差异无关）来颠覆授课语言差异的逻辑。授课语言的不同并没有完全阻碍学校为学生提供处理矛盾的手段。

访谈伊始，夏斯特里重点谈论了她所在的学校里的学生的情结。那些以英语为母语的本科生在研究生阶段遇到了本科时以印地语为母语的同学，并自视优越。因此，夏斯特里指出，学校教育中最突出的结构性不安全源于授课语言差异，即讲印地语但又渴望进入英语授课学校学习本科课程的跨校学生，可以进一步向上延伸，类似于印地语本科生渴望能选择以英语为教学语言的课程。

> 夏斯特里：英语仍然占据主导地位。但是最终，缺陷也会暴露无遗，那些来自中低阶层或农村家庭的学生实际上不懂英语。而且由于营养不良，他们的大脑有时也不是很敏锐，所以他们学习一门新语言非常困难。

对他们来说，学习自己的母语，用自己的母语学习课程非常容易。他们也有很聪明的时候，但是他们没有接触过英语授课。很显然，村里的学校设施落后，教学资源匮乏，英语授课极为罕见。这些学生获得了学士学位，成绩良好。但是，当他们来到这所大学的时候，啊，他们觉得很难。他们通常……很不幸，在英语授课学校上过学的男孩会以某种优越感自居。

夏斯特里将营养缺乏、农村出身、中低阶层的经济地位、通过母语接受教育等因素归纳在一起，与以英语为母语的学生形成鲜明的对比（cf. Ki. Hall，2009；Jeffrey，2010；Sarangapani，2003a，2003b）。印地语授课学校在符号学层面被“标记”，是因为它与其他可能性的区别被描述得很详尽，而其他可能性只是假设，不是现实。此外，夏斯特里对母语的表述很好地传达了“凡是教育就必然涉及排斥”这一观点，英语授课学校（这里指大学）也不例外。然而，事实并非如此。上文介绍了印地语授课学校对母语的排斥，当谈到用自己的母语学习科目更容易时，夏斯特里遵从并再现了对博杰普尔语的排斥。① 她在解释时理所当然地把博杰普尔语排除在母语之外，也排除或抹去了其他地方关于印地语相对于英语有困难的说法。

在接下来的访谈中，夏斯特里说她非常反对自己的学生产生这种不必要的情结，因为一个人的语言背景实在不能准确衡量其智力水平。她继续说道，她会指责来自英语授课背景的学生“对自己的母语一无所知”，同时也“鼓励”来自印地语授课背景的学生“努力学习那门语言（英语）”。

夏斯特里：一般情况下，你会发现英语授课学校的学生不知为何能支配其他学生。

① 这种无处不在的想法不符合我所见闻的小学生、文法学校学生、高中生，甚至大学生的实际情况。老师告诉我，对学生来说，印地语往往是最难的科目，比英语还难，因为许多学生很难发出正确的 mātrāforms 或辅音与元音的组合音。很多老师认为学生很难掌握 i 和 ī-as 之间的区别，这恰恰表明对隐性语法关系的呈现尤为重要（Agha，1998；Ki. Hall，2002）。一些老师认为，学生“不会说”或“不会写”自己的“语言”或“母语”。当然，这里的“语言”或“母语”是指印地语，而非博杰普尔语。但当孩子错误地使用“语言”或“母语”时，人们似乎又出于愤怒赞同了“印地语比英语更难学”这种说法。

我：是这样的。

夏斯特里：因为自命不凡？有这个词吗？对，就是自命不凡。

我：是的。

夏斯特里：是的，自命不凡。因为他们精通英语、懂英语。

我：明白了。

夏斯特里：对，对，对。

我：他们还说了什么？

夏斯特里：他们这么说是因为他们只会和那些懂英语的学生混在一起。他们不会和那些只懂印地语的学生混在一起。他们组成了一个群体，即精英群体。

我：我知道了。

夏斯特里：你知道？这是通过他们的行为和其他事情表现出来的，这你也知道吗？所以，那些只会说印地语的人对此感到很难过。他们抱怨，他们来找我们，然后为他们不懂英语而感到抱歉。但是我们在课堂上能努力做的就是对两者给予同等的重视。我们总是告诉来自英语授课学校的学生“你懂英语并不伟大，因为你受过英语教育，这显而易见；但不懂你自己的母语就不是一件值得称赞的事情了”。如果一个来自印地语授课学校的学生问了一个好问题，我会一直鼓励这位学生。所以这也在很大程度上取决于老师的态度。你怎么对待他们，你知道吧。的确如此……我总是告诉来自印地语授课学校的学生，永远不要因为不懂英语而感到自卑。你要试着学习、学会它。如果我能在这个年龄学会法语，你也能在这个年龄学会英语。你应该学英语，因为有太多的英语文学作品。你可以看到，大多数好书都是英文的，而它们没有被翻译成印地语。所以为了你的生存和进步，你应该学英语。即使现在开始，你也能学会。

授课语言差异让夏斯特里教授感到纠结，并因此陷入了印度北部关于语言、学校教育和母语观念的一些常见矛盾之中。例如，夏斯特里首先认为，在英语授课学校上学的学生所感受到的情结可以归因于自命不凡。她随后表示，她那些擅长印地语的学生觉得自己的语言水平很低。我们逐渐了解到对印地语的精通意味着英语知识的缺乏。她接着说道，那些接受过英语教育的学生可能声称不懂自己的母语，但这不是一个值得骄傲的立场。考虑到学校教育和授课语言之间的联系的意识形态性，人们会产生这样一种印象，即如果学生们不再有这种情结——英语教学背景的优越感和印地语教学背景的自卑感，那么一个人用一种或另一种语言的能力就不会被关注。然而，夏斯特里对某些问题的沉默暗示了为什么这种情况不太可能发生。例如，她没有向曾经上过英语授课学校的学生解释母语的好处。

在接下来的采访中，夏斯特里说了一件让我们大吃一惊的事：她是在印地语授课学校接受教育的。考虑到她是一所重点大学的教授，她的观点有自相矛盾之处，与她迄今所声称的情结及其来自授课语言差异的说法背道而驰。

夏斯特里：知道了这点你肯定很惊讶，因为你借用了我这个案例，我却一直是在印地语授课学校学习。不是因为我来自中下阶层，而是因为我住的地方，附近所有的学校都是印地语授课学校。

我：明白了。

夏斯特里：英语授课学校非常、非常、非常远，你知道吗？所以，我就在这里学习，但我总是把英语作为一门学科来学习。因为我学……

我：你来自哪个地区？

夏斯特里：瓦拉纳西。我住在高止山脉附近。

我：在老城区。

夏斯特里：是的，在老城区，离高止山脉很近。我把英语作为一门学科来学。我觉得我在英语写作方面比其他人要好得多，你知道吗？读硕士的时候，我选的是英语授课，我想我也应该擅长英语口语，所以要去学。除了交流，你可以快速融会贯通，当然如果你足够聪颖机敏的话。所以我在读硕士的年纪选了英语授课。然后我很快学成，开始从事英语教学之类的工作。所以，我很清楚学生们正经历的阶段、他们的感受，以及所有这一切。

我：你自己经历过这样的情结吗？

夏斯特里：你知道的，我一直都是优等生。所以，实际上不管你上的什么语言学校，只要你是优等生，通常都会受到很高的尊重。

尽管夏斯特里认为学校的授课语言是造成学生之间本质差异的根本原因，在描述自己经历时也提到了授课语言差异，但当她用印地语授课和英语授课学校共有的“优等生”概念来介绍自己时，她便否定了授课语言差异对学生的影响。每一所学校，不管是印地语授课学校还是英语授课学校，那些在十年级和十二年级的考试中“名列前茅”的学生，他们的名字和照片会暂时，有时是永久地被展示在显眼的地方，如校门口、走廊或校长办公室。夏斯特里通过授课语言差异诠释了语言与学校教育之间的关系，而成为一名优等生所获得的尊重似乎又抵消了本应产生的情结。她由此得出结论：学校教育预设印地语是母语，这种理解基于印地语与英语教育制度并行。她还表明，在学校考试中取得高分就意味着克服了印地语和英语授课差异带来的困难，她自己就是一个例外，因为学校里存在“优等生”这样一类学生，从而掩盖了授课语言差异的核心矛盾。

阿提·阿加瓦尔（Arti Aggarwal）：“就像她一生都在和父母说博杰普尔语一样，她自然不懂印地语。”

在1996—1997年的实地考察期间，我在学校工作到中午，然后回家吃个便饭，下午再回到教室听课。偶尔我也会在政府的办公室吃午饭，那是我之前去瓦拉纳西拜访的阿提·阿加瓦尔及其朋友工作的地方。我问阿提我能否录下与她的采访，她欣然答应了。虽然夏斯特里教授的采访展示了授课语言差异的一些特征和矛盾，但是阿提的采访呈现了一个讽刺性的反转——被学校禁止使用的博杰普尔语在其中占据了中心位置。阿提有一个三岁的女儿，就在我们采访的前几天，我和我的女房东一起参加了阿提女儿的生日派对。在采访摘录的第一部分，阿提重点谈了她的女儿即将接受的教育和她已经做出的决定。随后，她回首自己的青年时代，思考语言鸿沟的问题。

> 阿提：虽然我想送孩子去一所公立的英语授课学校，正如告诉过你的几个原因，为了她以后能继续深造学习，她需要学好英语。我的意思是不能让她产生“我妈妈没有送我去英语授课学校，所以现在我不知道未来该如何深造”这样的情结。

我：有道理。

阿提：但是，这好像是一种优越情结。

我：公立学校、优越情结。

阿提：的确，他们认为自己比上印地语授课学校的孩子更胜一筹。

我：为什么会这样？你能举个例子吗？

阿提：好。我在中央印度教女子学校读完了九年级。正如你所知道的，我在一所中央政府学校①上学。

我：对的。

阿提：当那些来自圣保罗学校的女孩知道我选择的教学语言是英语时，她们会问“你想上英语授课的课吗？”我的意思是，她们会想“好吧，她来自一所中央政府学校，所以她一点儿英语都不懂。”

我：没错。

阿提：所以就像“你要来吗？上这门课？”我说“为什么不呢？”

我：你的意思是，你用英语这么回答的？

阿提：是的。（清了清嗓子）

阿提重申了夏斯特里教授的观点，即选择英语为授课语言是为了继续以后的高等教育，并引入了另一个术语“公立”指的是用英语授课的收费学校。在瓦拉纳西，并非所有收费学校都以英语为教学语言，但阿提指出，她引用“公立学校”的言下之意是，高昂的学费是其选择授课语言的原因，忽略了城市中不同学校之间的收费结构和授课语言的复杂差异。②阿提通过把授课语言差异作为一种选择学校的标准，来论证其重要性和效力，她对这种选择有自己的见解，因此，她可以预见授课语言对她三岁女儿的影响。

在本采访摘录之前，阿提表达了她的希冀，她希望女儿能够学理科。而学理科就一定要去一所英语授课学校上学。但是，阿提在采访中所表现

① 一所由中央学校共有的委员会管理的学校。所有这类学校都是为了服务于中央政府雇员的子女，这些雇员可能会在任期期满后被派往其他地方。

② 使用“公立”一词来指代非政府管理的收费教育机构，最早可追溯到殖民时期。在瓦拉纳西，我遇到了一些使用“公立”一词的人，但更多人使用的是“私立”一词。也许这反映了以美国为中心的媒体和移民在印度社会的日益增多。

出来的一切，戏剧化地展现了孩子可能产生的情结，以及这种情结给家长带来的风险。阿提转向第一视角——从她女儿的角度来看——也就是“我妈妈没有送我去英语授课学校，所以现在我不知道未来该如何深造”。与此同时，阿提用第一人称讲述了自己从印地语授课学校转到英语授课学校时吃的苦头。阿提自己也曾遭遇过这样的问题。“你要来吗？上这门课？”这个问题是由一名来自英语授课学校的孩子提出的，因为阿提来自印地语授课的中央学校。但她们所在的中央印度教女子学校在瓦拉纳西是个个案，它是一所以优质的英语教学而闻名的公立学校。正因如此，阿提不想让她的孩子也遭遇这种“被质问”的经历。阿提讲述完她转学的经历和进入英语授课学校的场景后，清了清嗓子，停顿了十秒钟左右才重新开始。

阿提继续接受采访，然而，她把夏斯特里对授课语言的描述复杂化了，把英语授课学校的孩子的优越情结说成了“虚伪”。为了证明这一点，她引入了博杰普尔语这门被印地语授课学校和英语授课学校双双禁止使用的语言。特别有趣的是，她援引了夏斯特里提到的城乡差别，但这样做是为了改变一位自称只懂英语的孩子的态度。

阿提：还有一个孩子来自德拉敦瓦兰特学校，全称叫德拉敦瓦兰特女子学校（Valiant Girls School Dehradun），她的背景就像她属于加济布尔（Ghazipur）一样，那完完全全是一个农村地区。

我：靠近瓦拉纳西，对吧？

阿提：是的，很近。她会告诉班上的其他同学，她一句印地语都不会。她不懂印地语，因为她就读于一所英语授课学校。这个叫谢兹（Chaise）的女孩还深感自豪。好吧，“我不懂印地语。”因为我是德拉敦人，我的家乡是德拉敦，所以其他孩子会来问我：“阿提，这所学校真的是这样，根本不用印地语教学吗？或者说孩子们都不懂印地语？”我回答说：“不是那样的。”然后，他们说：“但是那个来自德拉敦瓦兰特学校的女孩一句印地语都不会。”我说：“当然啦，你们怎么能指望她会说印地语，她既然来自加济布尔，说的一定是博杰普尔语。”有一天，她的父母来了，她的爸爸上半身穿着一件缝制的衬衫，下半身围着一块布。

我：不错。

阿提：非常传统的服装。然后，他们、我的朋友们都向我跑来，“看，她父亲来了，她父亲来了。”我说：“所以呢？你们想到了什么？”他们说：“我认为你是对的。”

我：是的。

阿提：她一生都在和父母用博杰普尔语交谈，她自然不会说印地语。

我：所以这是玩笑话（笑）。

阿提：对啊（笑）。所以这些就是英语授课学校的孩子们的心态。

我：哇。

阿提：我猜他们这样想，因为他们能用英语交谈，所以他们感到非常优越。

阿提通过介绍一个孩子的案例来展开叙述，这个孩子现在就读于瓦拉纳西的中央印度教女子学校，在此之前她就读于德拉敦的一所私立的、收费的英语授课学校。阿提的一些亲戚住在德拉敦，而女孩的亲戚住在靠近瓦拉纳西的加济布尔。阿提比班上的同学更加了解其他偏远地区的情况，因而出言讽刺女孩之前所声称的不会说印地语。这个女孩声称不懂印地语，大概是因为她对英语的认知度最高。然而，阿提却击碎了女孩的优越感。颇具讽刺意味的是，一篇关于学校的叙述认为博杰普尔语这种语言不适合使用，它在这个故事里的作用仅仅是平添一个荒谬的转折。这个女孩（甚至）不懂印地语（更不用说英语了），因为她来自加济布尔，一个（甚至）肯定不属于瓦拉纳西的地方。博杰普尔语在所有语言中的地位最低，因为它没有像其他语言一样自诩优越。但它在叙事中的运用却出乎意料地受到了印地语授课学校和英语授课学校二分法的影响。阿提用与博杰普尔语的联系来表明“根本不懂印地语”这样的说法是极其荒谬的。与此同时，她批判了与授课语言差异有关的假说，抨击了“英语授课学校的孩子一定比印地语授课学校的孩子更优秀”这一说法。就像夏斯特里教授所说的，这种批评建立在印地语授课学校用母语教学的理念之上。事实上，当我问在中央印度教女子学校这样的学校是否真的有人不懂印地语时，阿提回答说，这个说法本身就很荒谬，因为印地语是每个孩子的母语。

结　语

瓦拉纳西人认为学校是一个可以说母语的地方。印地语和印地语授课学校都与人们对母语的反思息息相关。这一观点对本书所评述的印度社会语言学著作中的学校教育结构提出了挑战。从这些著作中，我发现印度的学校排斥母语教学，而在西方国家，学校会产生新的语言。理论的产出需要特定的活动背景和语境观照，因而在印度社会语言学研究中，关于学校教育及其与语言的联系的观点可谓寥寥无几。

本章与本书所回顾的社会语言学著作一致，证明了语言对于学校的概念化至关重要，但将意识形态的重心从学者转移到了学校教育的参与者身上。母语的概念对两个群体都很重要，但情况有所不同。在与我共事的瓦拉纳西人看来，母语并不是与学校格格不入的语言。相反，母语是他们用来识别学校类型（以及学校使用的语言）的一种标准。瓦拉纳西人并没有把学校和标准化的语言联系起来，而是强调学校应格外注重母语教学。毫无疑问，在学校教育中将印地语确定为母语的做法大大缩小了可作为母语的语言种类的范围。然而，人们声称印地语是母语，它与英语的不同之处在于英语既是一种语言，也是一种授课语言。那些容易忽视母语的人通过语言定义的学校类型，将自己视为在英语授课学校上学的学生。瓦拉纳西人的母语中的“另一种语言”不是西方语言，而是大学里的进阶语言，以及与其他地方建立联系的语言。它不是体现在其他地方，而是体现在英语授课学校里。

学校制度是语言意识形态的载体，不仅因为学校是因语言差异划分的，而且也因为关于授课语言泾渭分明的论述——参照印地语授课学校的学生和英语授课学校的学生共处同一所学校。情结旨在通过授课语言差异，揭示学生各自所在学校的历史。随着年级的升高，这些历史更深厚，情结的负面影响和后果愈发严重。情结这个概念反映了印度阶层、受教育程度和语言之间的关系。印地语授课学校的任何年级的学生和英语授课学校的学生在相遇时，都可能会产生这种情结。但在大学，英语授课班级使印地语授课背景的学生不可避免地面临着挑战。在为大学学习做准备的过程中，孩子们要选择一个专业方向。理科和商科是最负盛名的专业，也被认为是毕业后最赚钱的专业，通常以英语课堂互动为前提。文科则被视为更适合用印地语授课。

情结是一种文化生产形式，因为作为其基础的制度差异和不平等并没有考虑到每个人的生活经历。我对夏斯特里和阿提的访谈内容表明，印地语和英语之间的对立既排除了人们的经验，也缩小了人们对学校中哪些语言与之相关的思考范围。夏斯特里和阿提以不同的方式表述了自己比那些可能有这种情结的人更优越，她们都因为精通英语而达到了目前的阶层地位。女性对两种授课语言的倾向决定了她们的义务和焦虑的多寡。一般来说，当瓦拉纳西人用母语的概念来界定学校的差异时，他们就陷入了矛盾中。

第二章　天壤之别的市场：国内语言授课教学的参差回响

国语的概念促使人们关注语言政策。尽管学者们忽视了从母语的角度来看待学校，但他们投入了大量研究，以协助制定与印度国语问题、学校应该提供的特定语言相关的政策。20 世纪 60 年代，印度政府制定了一项被称为“三种语言模式”的教育政策，以促进该国不同语言地区之间的交流（Naik and Nurullah，1974）。这是学校合法化的“教学大纲”的一部分，教育委员会要求大学预科生学习三种语言，这三种语言的具体组合可因地区而异。我在实地考察时，发现熟悉这一政策或目的的人寥寥无几，但每个孩子都受其影响。然而，我很快就了解到，瓦拉纳西人在谈论教育、国家和个人未来时，会将语言差异作为一种方便的速记方法。

印地语授课学校和英语授课学校既可以通过它们是否与母语相关联来区分，也可以通过它们是否与国语相关联来区分。母语的概念和相关的情结概念将注意力集中在教育机构内孩子之间的差异上，而国语的概念提醒人们注意印地语授课学校和英语授课学校在民族和国际这两个更大差异范围上获得价值的方式。这种区别在对学校实践的反思中产生了共鸣。人们认为印地语授课学校体现了政府在学校教育中的存在。他们认为可以适当收取学费，并指出了学校与北方邦委员会的密切关系。相比之下，他们认为英语授课学校的学费昂贵，而且隶属于其他教育委员会。人们追求教育文凭，借此体现其所属阶层，以印地语和英语为主的语言授课学校教育在这些人之间形成了鸿沟。这在人们对语言、环境以及学校教育设施的态度中可见一斑。

国家政策和瓦拉纳西人发表的评论设想了语言、学校教育和国家之间的不同关系。从政策到个人反思，“印地语”“英语”和“印度”等概念的核心要义都发生了变化。最基本的是，印度政府制定的国家政策建立在统一的原则之上，而人们对学校的反思方式具有二分法的倾向。学校制定语言政策的前提是，学生应该提高自己的语言能力，这样他们就可以与其他遥远地方的人交流沟通。在瓦拉纳西，人们对国语的看法及其与学校教育的关系类似于他们对母语的看法，因为人们认为印地语和英语相互对立，使学生、家庭和从业人员处于不同的社会和经济轨迹上。关于语言授课的论述总是涉及两种语言中的一种或两种：印地语被视为印度的“国语”，而英语被视作“国际语言。”

我不想说瓦拉纳西人之所以饱受苦难，是因为他们不了解国语政策，或未意识到它的意义。深受语言和学校教育的影响，且与语言政策所要实现的目标互不冲突的不平等现象依然存在。例如，瓦拉纳西的特点是缺乏提供优质教育的能力，而这归根结底在于语言。居住在瓦拉纳西的一些精英阶层决定让他们的孩子在其他地方接受教育，因为他们发现瓦拉纳西的学校通常无法给孩子提供一个全英语教学的环境。在瓦拉纳西，与那些把孩子送进城市学校上学的人相比，这些精英阶层满怀抱负，希望自己的孩子能进入更高的阶层。对他们而言，比起英语与印地语的制度差异，更重要的是学校提供的英语类型。反之，比瓦拉纳西内部的语言差异更为重要的，是这座城市相对于其他城市的劣势。

母语概念和国语概念在一个关键的方面存在差异，它们为反思以语言为媒介的学校教育提供了不同的可能性。第一章探讨了在语言授课背景下，人们借由情结来竭尽所能地理解孩子和自己的社会地位。通过国语概念对学校差异的反思提供不了这样的文化生产要素。为了将语言政策和人们对学校教育的理解联系起来，本章运用了布迪厄的语言市场观。布迪厄（1991）提出了一个著名的观点，即现代国家通过学校教育体系，对有价值的语言形式和实践的生产进行了集中统一的控制。

三种意识形态建构的存在——三种语言模式、瓦拉纳西的双重语言授课和对瓦拉纳西教育不足的批评——解释了印度存在多种语言市场的现象。① 莫

① 这种观点有助于取代一种相当自然的关注点，即根据一种或多种语言对国家进行定义，或者关注不同语言市场中的国家定义。

妮卡·海勒（Monica Heller，1995：373）将学校理解为“社会机构”，她将其定义为“以某种方式整合资源、行为和意义的约定俗成的社会结构，这些结构可以由社会群体定义，以提高他们的利益”。在三种语言模式中，政府设想自己通过学校，以不同于孩子所在地区的语言形式提供资金。印地语授课学校是双重语言授课体系中的一种选择，一些瓦拉纳西人把孩子送往当地学校，他们将这些学校想象成政府和国家的化身。居住在瓦拉纳西并把孩子送到其他地方上学的人认为，印度就是一个市场，在这个市场上，脱离印地语环境，完全置身于英语环境是瓦拉纳西这样的地方无法实现的。为了证明印度确实存在这样一个市场，且我在瓦拉纳西认识的人——包括那些把孩子送到其他地方上学的人——似乎都无法进入这一市场，我翻阅了发表在全国性日报和知名期刊上的评论文章。这些文章的作者把印度想象成一个在全球市场中因所讲英语的类型而受到阻碍的地方，并把责任归咎于政府。

在本章中，政府在语言市场上的不平衡和不断变化的共鸣体现了阿希尔·古普塔（Akhil Gupta，1995：392）的主张，即“显然没有一个阿基米德点可将‘国家’可视化，唯有无尽的情境知识”。萨姆·卡普兰（Sam Kaplan，2006：13）补充说，学校是生产此类知识的关键场所。[①] 本章将各邦情况置于不同的语言市场中，描述了印度政府的语言困境，即它无法为自己设计的市场提供资金。大量印度公民都参与了各类市场，但却不是国家和政府试图创造的那个市场。在这些市场中，“国家”“语言”和“公民”的建构表明，许多印度公民忽视并颠覆了政府试图创造的语言资本的逻辑。对印度政府和瓦拉纳西人而言，尤其棘手的是下文所述的市场综合体差异。

三种语言：全国教育模式

要理解印度政府为语言融合所做的努力，我们必须考虑他们的意识形

---

① 阿希尔·古普塔和阿拉达娜·夏尔马（Aradhana Sharma，2006：278）在敦促人类学家考虑“国家特定分支的日常行动，以了解事实上发生了哪些变化，以及在哪些层面上发生了变化，并解释不一致的‘国家’表述”时援引了这一观点。

态基础。韦伯·基恩（Webb Keane，1997：46）表示，政府极力主张学习国语："人们认为国语'理性''现代'，这一观念建立在一种超越地方特殊性的普遍性之上。"印度政府一直以来都希望"超越地方特殊性"，但从未试图通过集中教授一门语言来达到这一点。

对于这个年轻国家的政治领域中发生的关于国语的争论，许多学者都进行了阐述。各个议会部长采用了不同的策略，介绍或讨论涉及语言立法和议会程序的问题，对此，马哈德夫·阿普特（Mahadev Apte，1976b）给出了有趣的解释说明。若奥提瑞拉·达斯·古普塔（Jyotirindra Das Gupta，1970）更侧重于语言变体，他描述了圣雄甘地希望印度斯坦语取代英语的重要性并成为国语的愿望。但他指出了印地语与梵文派生词、梵文天城体之间，以及乌尔都语和穆斯林分离主义、波斯悬体之间日益紧密的联系，再加上有个独立的巴基斯坦语分支，印度斯坦语无法将这些融为一体。保罗·布拉斯（Paul Brass）指出，作为单一国语，印地语是一个可行的选择，但非印地语的各邦政府强烈反对将印地语强加给他们。与此同时，乌尔都语与波斯语、阿拉伯语的派生词之间的联系越来越密切，并与穆斯林信仰联系在一起，却因此与印地语的联系渐行渐远，淡出人们关注的视线（Dalmia，1997；C. King，1994；Lelyveld，1993；Al. Rai，2001；Am. Rai，1984）。随后，双方达成妥协，同意在15年后（到1965年）印地语成为印度唯一的官方语言。后来发生的多起事件影响了这一进程，如1967年的《官方语言法案》确保英语作为"辅助官方语言"被保留了下来。

语言争论之后，印度教育委员会制定了一项统一的计划，以与当时印度官方授权的多语种状态相契合。1964—1966年，印度教育委员会在《国家教育政策》中列入了一项国语整合计划。该计划被称为"三种语言模式"，要求在大学预科课程中教授三种语言。该模式的目标是通过培养多语种公民，特别是掌握该国其他地区语言的公民，来实现国家统一。

一些观点认为区域语言差异应决定各邦界限，这些观点得到了认可。在这之后，三种语言模式得以发展。国家逐渐允许建立新邦，这些邦是否合法取决于其采用的语言模式。[①] 因此，尼赫鲁政府在1953年将讲泰卢固语和泰米尔语的马德拉斯一分为二，在1956年将讲马拉地语和古吉拉特语的孟买一分为二，在1966年将讲旁遮普语和印地语的旁遮普一分为二。[②]

这并不意味着所有这些主张都得到了认可。例如，人们发起了一场运动，旨在让比哈尔邦北部的迈蒂利语区作为一个独立的邦脱离出来，但这场运动以失败告终，正如2003年印度宪法附表8中未能增加迈蒂利语一样。附表8中包含一些被中央政府认可的官方语言，它们将使印地语变得更丰富，其新造词语也会与时俱进，被运用于当代社会和公共服务。附表8中包括22种语言，2003年新增的语言是博多语、迈蒂利语、多格拉语和桑塔利语。其并未完全列出各邦认可的所有语言。例如，锡金邦政府承认了国家立法中未包括的语言。本部分的目的是从国家和政府层面解释语言统一的意识形态。毫无疑问，它与地方各级政府的关系是多种多样的。例如，后文中讨论的特定困境和矛盾是瓦拉纳西的典型特征，而在锡金这样的地方，当地的困境可能截然不同。

尽管时过境迁，但这两种标准化语言与邦界语言大不相同。印地语在几个邦占主导地位，其中一些邦人口密度大，覆盖了印度北部广阔的地理区域。[③] 中央政府并不担心印地语地区会发生分裂，一些地方语言（如博杰普尔语）与文学流派相关，大量说布拉吉语、阿瓦德语的人已经可以和说标准化语言的人互相理解对方的语言，这些语言被视为印地

① 并不是每个新成立的邦都以语言为边界依据。如那加兰邦，它在1963年成为一个邦，其附近的马加拉亚邦、曼尼普尔邦和特里普拉邦于1972年成为邦。萨济·巴胡（Sanjib Baruah，1999）指出，这些邦之所以建立，是因为政府误把阿萨姆邦当作一个语言整体。恰尔地区的孟加拉人质疑阿萨姆语是否应该成为阿萨姆邦的官方语言。

② 其他地区随后加入了讲泰利古语的安得拉邦，如此一来，安得拉邦在1956年成为一个邦。罗伯特·金（Robert King，1997）将语言国家的逐渐形成归因于尼赫鲁的预见，即语言可能成为印度政治瓦解的一个特征。

③ 沙希德·阿明（Shahid Amin，1989：xiii）令人信服地说明了印度从其前殖民统治者那里继承了这种状况："从格里尔森可以轻松地将东部术语融入比哈尔邦农民的生活中，就可以看出各邦边界是人为造成的。"在印度人口较多的邦中，北方邦和比哈尔邦位于印地语地区，而恰蒂斯加尔邦、哈里亚纳邦、喜马偕尔邦、恰尔肯德邦、中央邦、拉贾斯坦邦和北阿坎德邦都把印地语作为官方语言。标准化的印地语使阿明指出的不协调变得无关紧要。

语中的“方言”。[①] 与印地语不同，英语与任何特定的地区都毫无联系，相反，它与城市中受过教育的上层社会人士相关。事实上，尽管英语没有被列在附表 8 中，但一份颇有影响力的有关学校语言状况的政府工作报告已将英语列为学校教育中最重要的语言之一（Chaturvedi and Mohale，1976：43）。这种情况使语言规划骑虎难下，从 1968 年印度《国家教育政策》中明确提到的两种语言可见一斑：“在中等教育阶段，国家和政府应采取并大力实施三种语言模式，包括在说印地语的邦学一种印地语和英语之外的现代印度语言，最好是印度南部的一种语言，以及在非印地语邦学习本地语、英语和印地语。”[②] 教育使一些被宪法认可的标准化语言成为国家的象征。

布赖恩·阿克塞尔（Brian Axel，2002：236）认为，三种语言模式代表“多样性中的统一”，这是尼赫鲁的箴言，也反映了印度政府对国家的表述。然而，我们只需进一步研究语言模式对多样性的阐释，就可以理解为何各邦在其公平实施方面会产生严重分歧。虽然该模式规定了各邦作为印度语言合法性的行政单位，但它不能帮助各邦实现与语言之间一对一的联系。三种语言模式的实施主要以讲印地语的邦为分水岭。讲印地语的各邦的学校应教授“南方语言”，如卡纳达语、马拉雅拉姆语、泰米尔语或泰卢固语；不讲印地语的各邦的学校应只教授印地语，包括印度北部各邦，如西孟加拉邦、古吉拉特邦、马哈拉施特拉邦、奥里萨邦和旁遮普邦。事实上，一些邦政府（特别是南部的泰米尔纳德邦政府）强烈反对在他们的学校里教授印地语（Ramaswamy，1997）。这种模式以邦为单位对语言多样性进行阐释，本身就存在矛盾。尽管如此，在国家层面上，这一模式仍然要求每个学生在学校里必须掌握三种语言。[③] 一年级至十年级的

---

① 胡布昌达尼（1979，1983：112）与对人口普查感兴趣的社会语言学家一起，指出了人口普查之间的收益波动，这强化了一个概念，即印地语地区的语言不会成为断裂源。

② 本部分可以推导出这个模式将语言与邦联系起来的一个动机：教育在很大程度上被掌握在邦政府手中。因此，中央政府能够使用国家划定和认可的语言来构建和管理语言多样性，并将教育交由邦政府管理，而不用担心教育可能成为争夺语言合法性的场所。

③ 哈罗德·席夫曼（Harold Schiffman，1996：168）在听完潘迪特（Pandit）关于多语制对印度的适用性的评论后认为，三种语言模式是与印度社会语言现实的最佳匹配：“一项承认历史多语制、语言多样性和尊重古代经典语言的政策（在印度）比任何一种进口模式都更有可能成功。”

学生都应该学习本邦内的语言，五年级开始学习第二语言，八年级开始学习第三门语言，直至十年级（Sridhar，1991：92）。

瓦拉纳西的三种语言模式缺乏共鸣

无论社会经济地位或职业地位如何，瓦拉纳西人对政府在学校实施的语言政策基本一无所知。[①] 在为期一年的田野调查中，我访谈过的瓦拉纳西人都不了解三种语言模式。我经常问关于三种语言模式的问题，许多人的第一反应只是简单地回答说，一个孩子必须在学校学习三种语言。事实上，孩子们对多语言教学法最常见的反应就是抱怨他们在学校必须学习多种语言。他们不只在我采访他们时这样抱怨，和同伴交流时也会抱怨。然而，更常见的是对数学、物理、生物学或其他学科的抱怨。直到我去印度首都德里，我才遇到一个明确了解这一模式的人。中等教育中央委员会的一名退休行政人员详细解释了该模式的细节，包括批准日期。当我告诉她，我在瓦拉纳西见过的人似乎都不知道这个模式时，她借用我的描述，对除德里以外城市的教育质量进行了全面的抨击。然而，我怀疑，她之所以对这项政策如此了解，是因为她处于相当高的职位，而不是因为她居住在首都或在首都接受教育。因为我在德里见过很多人，他们和瓦拉纳西人一样缺乏这方面的知识。

在瓦拉纳西，三种语言模式对学校的语言要求产生了一定的影响：我访问的每一所学校的课程都包括三种语言的教学。然而，对选择教授哪三种语言的考虑打消了这样一种想法，即印度政府的国家一体化意识形态已得到成功实施。在我访问过的所有瓦拉纳西学校中，印地语和英语是三种语言中的两种。第三种语言通常是梵文，但也有少数学校教授印度北部的其他语言，如孟加拉语、乌尔都语等。在我访问过的学校中，没有一所学校提供四种达罗毗荼语系中的一种。据我所知，附近的一所学校提供了达罗毗荼语系中的泰卢固语，但这种语言主要用来维持居民本就具备的语言

---

① 与科西嘉岛的情况形成鲜明对比，那里的政策倡议非常突出且备受争议（参见 Jaffe，1993，1996，1999）。

能力。布拉斯（1990：143）对印度政府在实施三种语言模式时遇到的问题进行了分析，指出了瓦拉纳西的情况，其中包括寻找具备所需语言的能力、愿意移居其他地区的老师。我只想补充一点，我知道瓦拉纳西的学校里有精通达罗毗荼语的老师，并且能够把它作为模式中的第三种语言来教学。然而，南方语言从未被教授过，梵文或其他北方邦的语言总是取代它们。因此，尽管在瓦拉纳西的学校课程中教授三种语言已经被视为理所当然，但是，中央政府在灌输一种意识形态方面所做的努力往往是徒劳的，即希望通过一种南方语言与南方各邦进行交流，使国家受益。

瓦拉纳西的印地语和英语授课：拉杜和太妃糖

虽然瓦拉纳西人基本不了解三种语言模式，但他们关心学校以哪种语言进行授课。此外，他们还利用印地语授课学校和英语授课学校之间的区别来进行语言、民族和公民的意识形态建设。我目睹了孩子和家长之间的交流过程，这极具讽刺意味。他们在一次学校仪式上进行了深刻反思，并从几个不同角度对国家和政府进行了批评。克里斯托弗·平尼（Christopher Pinney，2001：29）认为，批评是在公共话语中对印度政府的典型反思："一个邦的意识不足以满足其国家的需要，这是最近印度公共文化中反复出现的一个说法。"在场的人将政府视为由教育构建的二元对立中的一方并加以批评。印地语授课学校代表的是印度政府，英语授课学校体现的则是另一种选择。

我刚刚参加了萨拉斯瓦蒂学校的礼拜仪式。萨拉斯瓦蒂是印度教中掌管智慧和知识的女神，近年来，祭拜她的礼拜和节日越来越受欢迎，并逐渐与孩子联系在一起（N. kumar，1988：219）。我去了一个茶摊，和两个朋友拉米什（Ramesh）、阿西施（Ashish）会合，他们是我之前来瓦拉纳西时认识的。当我走近茶摊时，我看到了我的朋友，还有摊主的妻子和三个女儿。我和这三个女孩已经很熟了，每天都能在印地语授课学校——萨拉斯瓦蒂公立学校——见到她们，偶尔看到她们放学后帮助母亲照顾小摊的生意。三个女孩仍然穿着校服，和我一样刚从学校回来。我向拉米什和阿西施打招呼，对摊主的妻子示以微笑，然后坐在摊位的长椅上。

在摊主的妻子给我们一一倒茶时，她最小的女儿脱口而出："你有没有吃过拉杜（用面粉、糖和起酥油制成的印度炸糖球）?" 大家都不由自主地笑了，包括我在内。很多时候，当我早上步行到萨拉斯瓦蒂学校时，学生们会喊出"拉杜"①。我的名字在这一带成了双关语。我回答说吃过，于是阿西施挖苦说："我付了这么多钱，我儿子只吃到了太妃糖。"阿西施提到钱是因为他的儿子在西克莱斯特学校上学，与女子学校相比，这所学校的学费极其高昂。拉米什单身，没有孩子，他回答道："是的，但是吃太妃糖不会生病。"这时，所有人都笑了。摊主的妻子笑着补充道："政府的事就是病态的事。"这句话对我来说有些晦涩难懂，我的朋友们听后却开怀大笑，我礼貌性地跟着笑了笑。

到家后，我费尽心思地想了很久，然后草草写下了白天和他们的谈话细节。经过进一步的思考，我开始意识到，几个跨越意义维度的差异使有些评论幽默又不乏严肃性。阿西施引出了成本问题。太妃糖的价格大约是50派士或者0.5卢比②（印度、巴基斯坦等国的货币单位），这是孩子在放学后可以享用的一种廉价食品。下午，阿西施会带着儿子去摊位，有好几次他儿子还穿着校服，摊位上的人都知道阿西施正在谈论他儿子学校为庆祝礼拜分发太妃糖这件事。一个拉杜比一块太妃糖还贵。一个拉杜的价格从1.5卢比到几卢比不等，取决于拉杜的种类。公立的印地语授课学校因为礼拜分发如此昂贵的拉杜，阿西施的话讽刺了这一点。

然而，其他区别也在发挥作用，通过开玩笑引出健康问题。不同参数的切换产生了一种讽刺性的逆转，产生的最终图景使在场的所有人都笑了。拉杜属于甜食，其中包括易腐食品和本地生产的食品。事实上，萨拉斯瓦蒂学校分发的拉杜是学生在学校里自己手工制作的。"新鲜"和"热乎"使得这些甜食尤其美味可口。相比之下，太妃糖是在工厂生产的，保质期相当长。它们的制作似乎有一个统一的生产标准，难以被纳入对甜食

---

① 在印地语中指的是一种甜食、糖果，这也是我的姓。
② 在1996—1997年，大约36卢比相当于1美元。

的审美评判中来。与太妃糖无关的是对其生产时间、配料质量，以及生产、储存和展示技术的批评或赞美。

拉米什指出拉杜让消费者面临风险，从而将成本话题转移至健康问题。拉杜可能比太妃糖更贵或更受欢迎，但也更危险。拉米什的言论被认为是不恰当的，因为学生认为拉杜是萨拉斯瓦蒂女神送给他们的一个礼物，能给他们带来好运（Marriott，1976）。与包装好的太妃糖相比，未包装的拉杜更能有效传达女神的祝福。因此，拉米什和阿西施一样，颠倒了礼拜的逻辑，指出拉杜会让消费者受到伤害，而这种伤害是大批量生产的太妃糖能避免的。摊主把吃甜食带来的患病风险归因于政府，从而明确了当地人对政府的不满。虽然暂时而言，消费当地的拉杜似乎是一场更划算的交易，因为它更昂贵也更美味，但从长远来看，消费非当地生产的太妃糖更合适。

这个小插曲很有趣，不仅是因为客体的出现方式反映了印地语授课学校和英语授课学校不同的价值观，还因为相关人士所处的社会阶层。茶摊老板的女儿就读于一所公立的印地语授课学校，反映出工薪阶层家庭希望他们的女儿能够接受教育，以追求体面的婚姻，也许还可以找到工作。我的朋友们是中产阶层，社会地位更加稳固，因为他们从事的职业带来的收入比经营一个茶摊获得的收入要高得多。因此，语言授课的差异在广泛的社会阶层地位中尤为突出，正如它可以用来区分中产阶层的追求和倾向一样。

学费、教育委员会和语言政治

上述交谈中构筑的二分法图景引出了分叉方式，瓦拉纳西人在这种方式中构想这里的语言和学校。对他们来说，重要的是学校是印地语授课还是英语授课。瓦拉纳西人谈论学校时，常常把学校看成对立的学校，就像茶摊摊主的三个女儿所就读的印地语授课学校，和阿西施的儿子所就读的英语授课学校那样。在以语言授课为中心的语言意识形态轴心上，这两类学校构成了两种极端可能性。

学校之间的语言差异是由行政控制和财政方面的差异造成的：印地语授课学校的学费通常较低，由中央政府通过北方邦委员会进行管理；英语授课学校的学费通常较高，隶属于某个私立行政委员会。瓦拉纳西最负盛名的英语授课学校和西克莱斯特学校一样，都是中等教育中央委员会的隶属学校。拉杰斯瓦里·拉詹（Rejeswari Rajan，1992：19）引用D·L. 谢斯（D. L. Sheth，1990）的话，将“双轨制”描述为“（少数）学费昂贵的公立学校从最低年级开始就以英语为授课语言，还有（大量）地区语言学校，其中大部分由政府或市政当局开办。在那些学校，英语作为一门课程已被教授了几年，但情况很糟糕”。这种分化是持久的，“特别是中产阶层和精英阶层大量退出了公立学校体系”（Manabi Majumdar and Jos Mooij，2011：8）。例如，在关于教育的讨论中，成本问题促使公立学校获得政府发放的高额补贴，这些补贴大幅度降低了学生每月上学所需的“费用”（学费）。

学费：便宜 vs 昂贵

缴纳学费是区分印地语授课学校和英语授课学校最重要的制度性惯例之一。然而，我对人们如何看待学费问题的假设只是有时是正确的。我经常问及学费问题，假定人们对学费的看法会引出用来解释上学利害关系的框架。我在与许多瓦拉纳西人交谈时，用“学费”这个词来了解他们对学校教育和教育成本的思考，这在很大程度上是不恰当的。

例如，在女房东家住了几周后，我询问她女儿就读的公立印地语授课学校的学费。她以一种探究的目光看着我，尴尬地笑了笑。大约半分钟后，她不自在地回答道：“是指1.5~2卢比吗?”当听到我肯定地回答时，她紧张地咯咯笑了起来，并接着说道：“是的，就这些。”最初与我交谈的人都与公立印地语授课学校有一定的关系，谈及学费时，他们的反应大同小异，困惑不解交织着略显紧张的幽默。我开始意识到，因为学费太低，所以他们不明白我为何会询问学费，他们不知道该如何回答我的问题。

当我向私立印地语授课学校的家长询问学费时，他们只是简单地告诉了我具体金额。在1996—1997年，大多数私立印地语授课学校每月收费

20~40 卢比，而少数学校的收费高达 80 卢比。到 2010 年我进行田野调查时，这些学费已经翻了一番。私立英语授课学校的学生家长的反应与私立印地语授课学校的学生家长如出一辙。这些学校的巨额学费似乎成了一个合理的话题。

我学会了如何向公立印地语授课学校的学生的家长或其他家长咨询学费问题。家长们谈论学费时很紧张，草草结束了话题。相比之下，在谈论开支时，他们侃侃而谈，列举了一系列要买的东西，例如，书、笔记本、纸、钢笔、铅笔、布料和缝纫机。印度基础教育公共报告小组由独立研究人员组成，他们于 1996 年 9 月至 12 月对说印地语的邦，如比哈尔邦、喜马偕尔邦、中央邦、拉贾斯坦邦和北方邦的村庄进行了调查。调查表明，把孩子送到公立小学去接受教育的 318 户家庭都产生了一笔昂贵的支出。印度基础教育公共报告小组（1999：32）报告称，受访者列出“学费”支出 16 卢比，“课本/文具”支出 99 卢比，“校服”支出 159 卢比，“家教”支出 25 卢比，“旅行和其他”支出 19 卢比。

瓦拉纳西人提到的与学校教育有关的最昂贵的开支是“学费”。这里的学费并不是指孩子去学校上学的费用，而是指支付给家教的费用，他们给孩子指导一门或多门科目。众所周知，找家教补习是孩子在学校取得优异成绩所必需的。在瓦拉纳西西北几百公里的北方邦比杰诺尔地区，罗杰、帕特里夏·杰弗里和克雷格·杰弗里（2005：50）进行了实地考察，他们在报告中指出：“六到八年级学生的学费相对较少，但大多数能负担起学费的学生都要定期交学费上科学、英语和数学课，以通过考试进入十年级，每月支付大约 500~700 卢比。在十一年级和十二年级，理科学生可能要支付 1 000 卢比才可以上生物、物理和化学课。”在瓦拉纳西，我看到三、四年级的学生交学费，据说他们的家长每月支付给家教的学费为几百至 1 000 卢比（1996—1997 年）。学费的上限是当时瓦拉纳西最昂贵的学校收费的好几倍。与比杰诺尔相比，瓦拉纳西的学费普遍较高，原因可能有很多，比如，瓦拉纳西这个城市比比杰诺尔大得多。或许更重要的是，在贝拿勒斯印度教大学和喀什维迪亚皮斯学校就读的学生非常喜欢家教这个小众职业。印地语授课学校和英语授课学校的一些家长和孩子解释说，可能需要找多个家教补习多门功课，这样一来，他们几乎不可能承担得起上学的费用（参见 N. Kumar，2007：第 10~13 章）。

例如，德夫达斯·辛格（Devdas Singh）到 2005 年为止拥有五个孩子。其中两个孩子（一男一女）在公立印地语授课学校上学。当我说“我听说很多人请家教”时，他回答道：

> “是的，确实很多人请家教，但是太贵了。我们穷人可请不起。我一个月挣 2 000 卢比，要用这 2 000 卢比养五个孩子，希望你能理解我。其中两个孩子要上学，我没这么多钱给他们请家教。这钱从哪里来？学费每月就要 300 卢比。不管怎样，孩子总要吃饭吧，我是说孩子在学校买饭吃。此外，他们还要买衣服、铅笔、笔记本……什么东西都很贵，真的。所以，我们穷人请不起家教啊。”

德夫达斯可能低估了聘请家教的费用，因为他无法请。据他估算，300 卢比已经是一笔不菲的支出了。有趣的是，假如印地语授课学校的学生家长请了家教，提到学费时，他们往往会把自己的经济负担同英语授课学校的学生家长的经济负担进行比较。

与公立印地语授课学校的学生家长谈论请家教的费用似乎有些尴尬，而一旦与英语授课学校相比，这一话题就会变得不可避免。无论学生所在的印地语授课学校是公立的还是私立的，情况都是如此。一直以来，当印地语授课学校的学生家长将英语授课学校收取的学费与自己孩子所在学校收取的学费进行对比时，他们会夸大学费的上限，甚至夸大到实际费用的三倍。例如，就连公立的萨拉斯瓦蒂学校的校长也解释说，附近的一所英语授课学校“每月收取 900 卢比”。接着，她反问，除了“富人”，还有谁会把孩子送到英语授课学校？事实上，英语授课学校高年级（十一年级和十二年级）的学费是最贵的，每月 320 卢比。当我问萨拉斯瓦蒂学校的校长，她自己学校的学费是多少时，她说“1.5~2 卢比”，稍作停顿后，她用英语说了句“免费”。按学费区分学校有时言过其实，且加重了印地语授课学校和英语授课学校的分化。有些印地语授课学校是私立的，收取一定的学费，如萨拉斯瓦蒂学校。有几所英语授课学校是公立的，学费不贵。但是，欧文和盖尔（Irvine and Gal，2000）表示，人们在谈论学校时抹除了这些公立英语授课学校。因为在人们关于教育的交谈中，印地语授课学校等同于公立学校，英语授课学校等同于私立学校。我逐渐发现，那些收取一定费用的学校被称为“政府”学校，关于这些学校的问题引起了很多混淆（直到提到英语授课学校）。事实上，政府给学校提供了大量补贴，从而降低了学费。在 1996—1997 年，很多人使用了一种我起初并不理解的速记法。人们在提到这些学校时，就像提到电话服务、天然气拨款和养老基金一样，用名词代替形容词。随着手机的不断普及和许多政府服务的私营化，这种表达方式已经消失了，但是低学费与政府管理的联系，以及这两者与印地语授课学校的联系仍然存在。

一直以来，人们都把瓦拉纳西的公立学校和为数不多的几所学费非常昂贵的学校进行比较，其中大多数学校的名字人们都能脱口而出。我经常询问这些学费昂贵的学校采用哪种语言授课。即使是那些收费不低的私立印地语授课学校的相关人员也会把我当成一个有点迟钝的人，他们表示这些学校都是英语授课学校。有时，人们讨论学校时会摆出一种讽刺的姿态，挑出瓦拉纳西那些收费最高的学校。人们会以一种讽刺的语气提到，即使是人力车车夫，他们的孩子也在瓦拉纳西收费最昂贵的学校上学，并且揶揄这些孩子去昂贵的学校上学就是“毫无用处”。根据这些人的说法，人力车车夫支付高昂的学费把孩子送到学校上学，为此做出了很大的牺牲，但他们的孩子未必能从中获益，因为孩子表面上接受了教育，却找不到工作。正是在这种讨论的背景下，采用哪种语言授课的问题应运而生。有些人还加了一句俏皮话，讽刺人力车车夫的孩子也需要学习英语。

在下文，我将阐述公立学校和私立学校之间的不同，这种不同除了体现在花费上，还可能体现在其他方面。2005 年，我在新殖民地与一位药店老板闲聊，这家药店就在我 1996—1997 年的居住地附近。我们聊到了药店前面的街道是如何铺好的，以及这个社区现在是如何通过一座横跨一条大型排水沟的桥，与南面一个繁华的社区连接起来的。10 年前学生放学后玩耍的板球场，现在成了人力车、机动人力车和汽车的必经之路。这条路虽然拥堵，但为人们带来了便利。正当我们谈论交通工具显著增加时，几辆公共汽车驶过。这些公共汽车表面喷的颜色不是西克莱斯特熟悉的蓝色，而是明亮的黄色。我注意到，德里公立学校的名字写在每辆公交车的一侧，这所学校肯定是新建立的，因为我之前访问瓦拉纳西时，它并不存在。药店老板告诉我，德里公立学校很受“富人”的欢迎，这所学校的名字把首都德里加了进去，就威望而言，胜过当地其他学校。一所非政府组织学校的校长解释说，德里公立学校确实是两年前才在瓦拉纳西建立的，是一所连锁学校，“从德里到瓦拉纳西，甚至更远的地方”都能找到这所学校。这种情况并不普遍。西克莱斯特学校的校长解释说，她的学校的学生数量比瓦拉纳西的德里公立学校多，而且她的学校已经在北方邦首府勒克瑙开设了分校。但所有这些小插曲都暗示，私立学校可以通过与其他地方的联系获得一些声望。

教育委员会：公立学校 vs 私立学校

教育委员会和学费一样，也是区分印地语授课学校和英语授课学校的一种方式。同时，教育委员会的隶属关系与该学校选取哪种语言授课之间没有直接联系。教育委员会是行政机构，学校必须向其提出申请才能加入。委员会要求隶属学校提供包括“教学大纲”在内的课程；或就公立学校而言，规定学校可以使用的课本；监督年度考试的分配和评分情况。考试结果决定了哪些学生可以进入下一个年级。众所周知，获得委员会成员资格是出了名的错综复杂、困难重重，还需耗费大量金钱，任何学校管理人员都把加入委员会视为一项成就，或者，如果是在几十年前，一个人若加入了委员会，那他要心怀感激，庆幸自己是其中一员。不论是公立还是私立，印地语授课学校或英语授课学校的管理者都有这样的感觉。因此，在某种意义上，所有委员会都属于印度政府的职权范围，因为所有委员会都必须符合一套标准。授课语言、费用支出和委员会之间的联系如图 2－1 所示。

	印地语授课	英语授课
低成本（免费）	北方邦委员会	被抹去
高成本	被抹去	中等教育中央委员会

图 2－1　授课语言、费用支出和委员会之间的联系

然而，委员会在某种程度上强化了印地语授课学校和英语授课学校之间的差异，这与学费有异曲同工之处。例如，大多数公立学校都与瓦拉纳西人所称的阿拉哈巴德委员会有关。该委员会位于邻近城市阿拉哈巴德，因此而得名。在国家层面，相同的委员会被称为“北方邦委员会”或者“UP 委员会”，这是因为该委员会在瓦拉纳西和阿拉哈巴德所在的邦有管辖权。虽然学校已收取学生家长名义上的学费，但是加入北方邦委员会后，学校还能获得更多额外的资金，这也是此类学校有时被称为免费学校的原因。同时，这些学校的老师获得的工资往往是私立学校老师工资的四到五倍。

委员会之间的对比与学费之间的对比相似，因为中等教育中央委员会是瓦拉纳西最昂贵的私立学校所隶属的委员会。事实上，各类学校的校长和老师都解释说，与中等教育中央委员会的隶属关系允许学校收取高额费用。学校管理者和老师认为自己的学校能够隶属于中等教育中央委员会是一件值得骄傲、自豪的事情，并且这件事还会在其他隶属学校的告示牌和广告上提及。图 2－2 是图尔西·维迪娅·尼克坦（Tulsi Vidya Niketan）的告示牌，这是一所位于城市南部边缘的学校，学费属于中等价位。告示牌明确指出，该校隶属于中等教育中央委员会，包括小学、中学，以及跨校的十一年级和十二年级。最后两个年级对于渴望进入大学的学生来说至关重要。

图 2－2　图尔西·维迪娅·尼克坦的告示牌

在我 1996—1997 年的初步实地考察期间，委员会会将考试成绩张贴在当地建筑物上，以便学生查阅。现在，北方邦委员会和中等教育中央委员会都在网上公布考试结果。北方邦委员会的网站自称是“世界上最大的考试机构”，并解释说它“为近 320 万名学生举办考试并公布成绩”。该网站还声称：“在北方邦，有几所中学由印度学校教育委员会和中等教育中央委员会管理，但大多数中学都希望得到北方邦委员会的认可。”目前，有 9 121 所中学得到了北方邦高中和中级教育委员会的认可。虽然公布考试成绩的日期是最新的，但上述信息的日期是不确定的，尽管主页将 2001—2002 年作为当前的财政年度。

尽管北方邦委员会声称，在全球范围内，自己在学生人数上有优势，但中等教育中央委员会的网站声称自己在全球占有一席之地。当你按下“查看考试成绩”的按钮进入其网站主页时，会出现“印度”一词。从新加坡、俄罗斯和印度尼西亚开始，这些国家的名字会一直在屏幕上显示，直至出现“21 个国家”的信息。这一信息转瞬即逝，很快又出现“10 000 多所学校”和“1 200 多万名学生”的信息。最后，网站上显示“欢迎来到中等教育中央委员会”的字眼，以及选择从头播放的选项。

在我 1996—1997 年最初的实地考察期间，西克莱斯特学校在其告示牌和广告中注明了其与中等教育中央委员会的隶属关系。到了 2005 年，我注意到中等教育中央委员会的名字已从西克莱斯特学校的告示牌和广告中消失。校长向我解释说，西克莱斯特学校声名鹊起，人们默认它与中等教育中央委员会的关联，因此无须通过视觉来体现二者的关系。在我最初的实地考察中，校长详细阐述了加入中等教育中央委员会的重要性，将委员会的课程要求与西克莱斯特学校学生在考试中的优异表现结合起来：“我们按照中等教育中央委员会的要求进行教学。我们所遵循的教学大纲是中等教育中央委员会制定的，一直到十年级，除了那些主要的科目，如印地语、英语、数学、社会研究和科学是必修课，其他所有科目也是必修课。我可以说，我们在所有方面都有很好的声誉。嗯，我们的学生证明了自己的价值，他们在委员会举办的考试中取得了很好的成绩。”校长继续解释说，为了能够与中等教育中央委员会建立联系，学校需要开设课程，这一过程耗资巨大且困难重重。这笔费用加上学生在考试中的出色表现，证明了学校收取高昂学费是合理的。

2005 年，西克莱斯特学校不再那么执着于强调与委员会之间的联系。西克莱斯特学校的校长解释说，学校的主要关注点已经转移到其他创新方面，以使学校变得与众不同。例如，该校开办了一个广播电台。因此，具有特殊音乐才能的学生可以大展身手。2007 年，该校放弃了自己的广播事业，开始争分夺秒地争取上本地电视。电视台播放了各种节目、戏剧和颁奖典礼。然而，这并不意味着隶属于中等教育中央委员会不重要。当我们聚在校长办公室时，校长做的第一件事就是给我看一块告示牌，上面写着学校优等生的名字，他们都是在中等教育中央委员会组织的考试中取得优异成绩的学生。她指出，自从我 1996—1997 年第一次访问以来，这份名单上的人数已经增加了很多。事实上，在学校的网站上，希望进入十一和十二年级的学生被告知，他们必须在中等教育中央委员会举办的十年级考试中取得至少 85%的总分。

委员会隶属机构之间的划分、印地语授课学校和英语授课学校之间的划分，以及学费便宜的学校和学费昂贵的学校之间的划分三者交相呼应。学费便宜（或免学费）的学校指的是北方邦委员会隶属学校，学费昂贵的学校指的是中等教育中央委员会隶属学校，这些学校分别被视为印地语授课学校和英语授课学校。在一次谈话中，以印地语授课的公立的萨拉斯瓦蒂学校的校长解释说，学校的委员会隶属关系和选择哪种语言授课属于“不同的问题”。她解释说，“私立学校”收费，而“公立学校”不收费。她说的没错。举个例子，拉维·库马尔（Ravi Kumar，2009：151）断言，人们发现……那些负担不起私立学校费用的人往往会选择公立学校。然而，当我问她中等教育中央委员会隶属学校是否用英语授课时，她的回答就好像我的话早已是定论：“是的，是的，不然呢？”当我问她北方邦委员会隶属学校是否用印地语授课时，她也给出了类似的回答。因此，委员会隶属关系和选择哪种语言授课之间的关联表现出了复杂的符号学消解过程：公立学校学费低，反映了印地语授课学校的地位；中等教育中央委员会隶属学校学费高，则反映了英语授课学校的地位。私立印地语授课学校和不隶属于中等教育中央委员会的英语授课学校在有关对委员会的话语反思中被抹去了。

各个学校隶属于不同的委员会，因此学校收取的费用也各不相同。教育委员会的问题表明，印地语授课学校和英语授课学校在空间观念上存在差异。当我们谈到加入委员会的重要性时，萨拉斯瓦蒂学校的校长最初关注的是每年的考试程序，即来自北方邦委员会隶属学校的老师必须前往瓦拉纳西的其他北方邦委员会隶属学校参加等级考试。校长解释说，这一程序消除了考试中的偏见。不过，她后来指出，萨拉斯瓦蒂学校与附近的北方邦委员会隶属学校在很多方面都有着“特殊的关系”。例如，在我访问的这一年中，校长多次给我展示了一个柜子，里面陈列着该校学生赢得的奖杯。她告诉我，她的学校和附近的学校在体育方面有着激烈的竞争，双方旗鼓相当。她还告诉了我一些我每天在学校都能看到的事情。就读于萨拉斯瓦蒂学校的学生（据我所知，有两个年级）都来自附近的社区，你可以看到一大群学生在课间休息时玩耍，然后一起步行回家。随着越来越多的学生到家，群体人数越来越少。确实有些学生骑自行车去距离他们社区较远的地方上学，但这些学生只占少数。大多数学生住得很近，这样他们就可以走路上下学，既方便又安全。但中等教育中央委员会隶属学校的情况并非如此。例如，西克莱斯特学校的校长解释说，学校的声誉吸引了来自瓦拉纳西各地的学生。事实上，每天早上和下午，学校门口都会停着100多辆自行车、人力车、小轿车和校车，造成了严重的交通堵塞。西克莱斯特学校的一些分校已经开始接受住校生。他们从瓦拉纳西以外的地方招收学生，这是任何一所北方邦委员会隶属学校都不会做的。

瓦拉纳西的学校、语言和民族

印地语授课学校和英语授课学校身份相互建构的过程，既与收费、委员会隶属关系等有关，也与20世纪末和21世纪初印度的语言在政治和意识形态方面经历了相当复杂和不平衡的发展有关。在印度社会中，提到学校就会有对立，这源自印地语和英语之间日益突出的对立关系。在三种语言模式的背景下，语言授课的差异和政治语言的发展轨迹相似，因为这两个领域都没有强调民族统一。相反，以语言为媒介的学校教育领域和语言政治领域既存在对立，也存在差异。

理查德·福克斯（Richard Fox，1990）确定了一个新身份的形成，即印度人。自20世纪70年代中期以来，这一新群体受到越来越多的威胁，这些威胁源于农村阶层的流动、为传统弱势群体保留就业岗位，以及穆斯林从居住在海湾国家的亲戚那里收到汇款。对于印度人来说，印地语源于梵文（不是波斯语或阿拉伯语，这两种语言对很多人来说是乌尔都语），它已经成为印度教民族主义的象征，旨在消除分裂和世俗主义带来的损害。

福克斯解释说，英语为印地语和印度教民族主义提供了一个异族入侵者的形象。由梵学家和政治家发展起来的新印地语是将英语从政府、商业和其他领域的重要地位上赶下台的最重要的工具之一（Franklin Southworth，1985：232）。例如，20世纪90年代，印度宗教激进主义者印度人民党（1980年4月成立，其前身是1951年成立的印度人民同盟）的崛起，让许多政治家公开反对英语，认为它是印度的外来语言，引发了许多不恰当的想法和做法。① 政客们有时把英语与皈依基督教的恐惧联系起来，有时又把英语与大众媒体、商品的消费联系起来（Viswanathan，2007：333）。鉴于印度人民党代表的是中上阶层和高种姓的利益，抵制英语的声音并没有为印度人民党赢得多少支持者（Sonntag，2000：148）。甚至连印度人民党也承认了英语的首要地位，并淡化了抵制英语的言论，放弃了“印地语、印度教和斯瓦德西”口号所体现的文化民族主义主张（Baral，2006：476）。克里希纳·库马尔（1991）解释说，印地语中的梵文化程度日益加深，且印地语从本质上与印度教民族的联系也在日益增加，但受过英语教育的精英们对这一现象并不关心，他们不重视的态度扩大了自己和印度人之间的意识形态鸿沟。

作为一种通过穆斯林入侵印度的外来语言，乌尔都语被政治定位为外来违法者的语言。反乌尔都语的言论可能与20世纪90年代针对清真寺的

① 关于印度人民同盟统治时期教育举措的讨论，见阿德瓦尼（Advan，2009）和吉沙尔（Guichard，2010）的相关论述。

攻击交织在一起，比如瓦拉纳西西北部阿约提亚的巴布里清真寺，其目标是重建印度教诸神的诞生地。我在瓦拉纳西和德里遇见了一些人，他们谈论过印地语和乌尔都语之间的区别，尤其是显而易见的文字差异问题。例如，国民志愿服务团由印度宗教激进主义者组成，该组织开办了萨拉斯瓦蒂神学院，在这里我遇到了一个对此话题抱有强烈情绪的人。萨拉斯瓦蒂神学院是一个印度教宗教激进主义组织，在全国范围内管理着一系列学校，这些学校因教导学生要尊重他人和遵守纪律而广受欢迎（Guichard，2010：42－43）。在第一次谈话中，该校校长礼貌地打断了我，并解释说我使用 *ādmī*（意指人）这个词，表明我是在海外学习的印地语，因为这个词来自阿拉伯语。他解释说 *ādmī* 是乌尔都语，而不是印地语。当我问他我应该用什么词来代替时，他回答说 *puruṣ*（人）是正确的印地语说法。我问他海外的人们为什么会使用一个源自阿拉伯语的词，他解释说，许多海外政府通过从阿拉伯国家购买石油来支持他们。我不禁注意到，在我们的交谈过程中，他所使用的大量单词和短语都源于阿拉伯语（或波斯语）。

当然，人们也在反思印地语和英语之间的区别。然而，我发现大多数瓦拉纳西人通过学校教育及其与劳动的关系来反思二者的区别。我在实地考察期间最常听到的一个说法是，英语授课学校提供了一条走出瓦拉纳西的道路，因为它们能让学生流动起来。人们在谈论瓦拉纳西的学校教育时，经常会用到 *ghūmnā* 这个动词，意思是“闲逛”或“漫游”。在讲印地语的印度北部，有一个普遍的说法是，要想找到一份工作，就必须搬家。无论是劳动密集型的建筑工作还是文书工作，都是如此。人们解释说，学校教育可以帮助学生找到一份文书工作，但工作机会可能在其他地方。尤其当一个人来自北方邦东部这样的地区时，情况更是如此。北方邦在很大程度上脱离了信息和数字技术领域。瓦拉纳西人告诉我，按照惯例，中产阶层要想在其他地方就业，就需要在英语授课学校接受教育，无论是在找到工作之前还是在搬家之后。任何符合中产阶层地位的工作类型都可能要求具备英语能力。此外，迁移可能会使一个人与其他母语不同的人接触，若彼此都具备英语能力，那么将有助于双方的交流。毋庸置疑，这些想法都带有阶层偏见，且都是以偏概全的。很多人从家里搬出来从事体力劳动，但体力劳动并不代表迁移和学校教育之间有一定的联系。谈论迁移时不再提及体力劳动，似乎在英语授课学校的教育和中产阶层就业之间构成了一种无声的联系。

一些人将英语授课学校带来的流动性与印地语授课学校进行了对比。他们解释说，印地语授课学校的学生无法离开城市，因为英语是迁移过程中必备的。然而其他人，大多是与印地语授课学校相关的人，推翻了英语与迁移之间的积极联系。许多印地语授课学校的学生家长表示，就读于印地语授课学校表示对生活“满意”。他们指出，没有必要离开自己的家乡和家人。就读于印地语授课学校带来的满足感，替代了人们对通过迁移改善自己经济情况的渴望。他们还表示，印地语授课学校的学生愿意留在自己的城市，这种行为是值得称赞的。在这些人中，有许多人对穷人从英语授课学校获得经济利益的努力嗤之以鼻。

对学校的另一种普遍看法是赞扬印地语授课学校对国语的支持。在将印地语等同于国语的论述中，瓦拉纳西地处“印地语带”的中心地带，在印地语地区付出了巨大的努力，所以占据一个重要的位置。不论是印地语授课学校还是英语授课学校，几乎所有老师和一些家长都明确表示瓦拉纳西是印地语的中心，并指出瓦拉纳西在促进印地语标准化和文学遗产发展方面发挥了重要作用（Dalmia，1997；C. King，1994）。然而，所有指出瓦拉纳西是现代印地语起源的人都承认，这些活动现在已经受到政府的管控。与任何一种语言教学机构相关的人们都解释说英语是一种“国际语言”。诚然，英语授课学校的学生认为印地语是他们的母语，但他们绝不会像印地语授课学校的学生那样声称英语是“外语”。印地语代表印度民族，许多印地语授课学校的学生甚至声称英语授课学校的学生“不是印度人”。

我并不认为学校教育（不论以哪种语言授课）和民族主义之间的关系很简单。例如，中产阶层的子女就读于印地语授课学校，但他们入学时的意识形态基础具体且复杂，是因为印地语在政治和宗教运动中的使用方式不同，有时甚至是重叠的。印度人民党在国家和各邦层面上，扩大了自己在中产阶层中的知名度，通常是下意识地使用带有英语的习语，不论其是否梵文化（Rajagopal，2001）。1990 年，人民党政府总理辛格（V. P. Singh）宣布，成立 10 年的曼达勒委员会建议让其他落后阶层的成员担任印度政府中 27%的职位。这类人包括瓦拉纳西所在的北方邦及其周边一些邦的大量小康农民，如贾特人和亚达夫人。

与此同时，在邦的层面上，北方邦首席部长、其他落后阶层成员穆拉亚姆·辛格·亚达夫（Mulayam Singh Yadav）发起了一场名为“根除英语”的运动，要求邦内所有政府必须用印地语进行公文往来（Sonntag，1996；Zurbuchen，1992）。北方邦的失业率居高不下，且没有学习英语的途径，而英语是获得理想工作的必需条件，很多人深受这些因素的困扰。这项举措的目的就在于吸引这些人。印度人民党致力于帮助中上阶层摆脱恐惧，因为他们受到了为其他落后阶层制定的预留政策的威胁。该党谴责亚达夫的政治行动，不是因为他们抵制英语，而是因为他们指出了其他落后阶层成员（如亚达夫首席部长）担任职位、掌握政治权利这一举动可能产生的危险影响（Hansen，1999）。因此，虽然坚持印度教宗教激进主义的印度人民党与亚达夫一样，都提倡印地语，但是其抵制为其他落后阶层保留席位的呼吁暗含着一种防御姿态，以防自己的选区失去本来应该保留的席位。获得这样的席位通常以接受过英语教育为前提。就在亚达夫倡导“根除英语”运动的时候，他把自己的儿子送到了一所英语授课学校。

从英语教学到一种英语

虽然大多数住在瓦拉纳西的人都会把孩子送去市里的学校，但只有少数人认为送孩子去远方接受学校教育是有必要的。我邻居的例子表明，在瓦拉纳西，人们在反思语言在学校教育中的重要性时，并非每个人都关注城市内部以不同语言授课带来的差异。事实上，我的邻居认为瓦拉纳西是一个无法提供英语授课的城市，而会讲英语恰恰是他认为成功所必需的。

许多人类学研究都集中在印度农村居民为寻找工作或更高工资而流向小城镇或城市的问题上。这位邻居被印度国家银行从德里调到瓦拉纳西分行培训新员工，为期三年。新殖民地的人们以他的职业来称呼他，称他为

“银行瓦拉”。他告诉我，由于这里房租便宜，所以他租住在新殖民地的一户人家里，这样他就可以把大部分收入寄给德里的妻子和女儿。许多人类学研究都集中在印度农村居民为了寻找工作或更高的工资而涌向小城镇或城市这一问题上。在新殖民地工作（但居住在瓦拉纳西其他地方）的大多数建筑工人、人力车车夫或小商人都是从附近的村庄搬到城市来的。然而，像银行瓦拉这样的人很少受到关注，他们是被雇主调到权威岗位上的。关于语言差异的评论很可能会突出地体现在对这种迁移的反思中，这些迁移与地理位置、等级制度被重新定位相关。

有一天，银行瓦拉来拜访我的房东。当时，房东的女儿正在隔壁房间和她的家庭老师一起学习。后来，我陪他去了一个茶摊。他说，他把女儿留在德里的学校是正确的决定。他指出，我的女房东的女儿在接受英语辅导时需要讲印地语。当我提到瓦拉纳西有些学校的课堂互动是用英语进行时，他回答说，瓦拉纳西没有一所学校能够提供全英语教学环境，无法让孩子在不使用印地语的情况下用英语进行交流。他声称他女儿的教育是完全用英语进行的，只有在印地语被单独作为一门课程时才说印地语。

我称银行瓦拉为精英，因为新殖民地的居民说他是 *baṛā ādmī*，字面意思就是“大人物”。这个词并不代表一个固定的社会范畴，它的使用会因使用者和指定人在种姓、职业或土地所有权方面的不同而有所不同。然而，当我问邻居们和朋友们为何频繁使用银行瓦拉这一称呼时，他们提到了一系列原因，包括他说英语的能力，他在银行里高于其他大多数人的权威地位，以及他来自德里的出身，这些在 1996 年的新殖民地都是独一无二的。考虑到当地人列出的这些理由，我把银行瓦拉称为精英，因为他将一个地方——在这里指的是瓦拉纳西——定义为无法为其居民提供恰当的或有价值的不受印地语干扰的纯英语教育环境。

不同的市场

用布迪厄（1977，1991）的话说，上述关于语言、民族和公民的三种意识形态建构都是从一个个离散的“市场”中产生的。我们可以将实践概念化为特定市场上的符号资本，而这些市场在历史上具有偶然性。符号资本出现在市场中，如宗教活动领域或皇家领域，以及具有特定社会经济结构特征的领域。布迪厄认为，现代各邦的一个特点是，教育能够通过训练孩子使用一种特定的语言来筹集象征资本。布迪厄（1977：652）解释说，教育体系垄断了大量生产者和消费者“语言资本”的生产，因此垄断了市场的再生产。他认为，国家建立全国性的教育体系是让公民参与统一市场的一种手段。

一些学者质疑布迪厄所描述过程的完整性。他们认为，现代各邦中存在多种市场共存的现象。以西班牙为例，凯瑟琳·伍拉德（Kathryn Woolard，1985）认为，虽然卡斯蒂利亚语是政府的专用语言，集中在马德里，但巴塞罗那的工业生产历史和经济可行性使加泰罗尼亚语成为资本的载体。利·斯威加特（Leigh Swigart，2000）回顾了塞内加尔前总统迪乌夫（Diouf）在 1998 年的一次演讲，他用沃洛夫语重新表达了一句法语的意思。他失言了，用沃洛夫语声称自己是电视观众之父，而不是法语所要表达的国家之父。斯威加特指出，塞内加尔讲法语的人和知识分子对他的无能感到愤怒，而不讲法语的人对他使用沃洛夫语表示赞赏。他们的不同反应表明，在重叠但独立的语言市场中存在着不同的资本价值。

本章提出的三个市场领域证实了伍拉德和斯威加特关于现代民族和各邦之间存在多元市场的论点。例如，三种语言模式将国家建设成一个语言市场。一个人的语言资本如果包括跨语言交流的能力——精通一门非本邦的语言——那么他的语言资本会更多；反之，如果只有使用一种语言的能力，那么他的语言资本会更少。根据语言模式的逻辑，只懂本邦的语言是与世隔绝的标志，只教公民自己邦内的标准化语言将阻碍本邦的发展。这一语言模式暗含了未来对国家市场的协调，在这个市场中，公民可以通过跨越当前的语言界限（主要是印地语和南方语言的界限）来积累利润。

然而，在瓦拉纳西，这一政策几乎没有给语言资本带来什么影响。人们会说两种语言，从而生活在两种制度下，在公开的反思和理所当然的学习习惯中构建彼此。在该市的学校中，语言授课构成了“一个想象的二分法的社会语言学世界”。其中印地语授课占了二分之一，面向瓦拉纳西和印度本土；英语授课则占了另外二分之一，面向德里和国外（Fenigsen，1999：69）。[①] 印地语和印地语授课学校的市场在印度本土，而英语和英语授课学校的市场在德里和“更远的地方”。[②]

银行瓦拉的例子表明，并非所有瓦拉纳西人都认为语言和民族之间最显著的关系是语言授课模式差异。银行瓦拉将印度视为一个语言市场，不受印地语影响的英语在其中充当语言资本。该案例显示了语言意识形态是如何呼吁人们关注语言市场的垂直排列和层级结构的。许多学者创立了规模的概念，以探索语言意识形态的不均衡性和他们所假设的资本形式。社会事件和过程在不同尺度上不断变化和发展，以严格的局部（微观）和全球（宏观）尺度为极端，并有若干个中间尺度（Blommaert，2007：1）。柯林斯（Collins，2012：197）强调“分层成不同大小的单位”。对于银行瓦拉来说，瓦拉纳西无法像德里那样好好培养孩子，后者是印度首都，也是他女儿接受教育的城市。语言授课模式差异对大多数瓦拉纳西人来说可能很重要，但是他们区分本地和其他地方重要性的方式，与银行瓦拉的语言理念在更大范围内的运作毫不相关。瓦拉纳西以印地语为媒介的学校教育和以英语为媒介的学校教育之间的规模差异，以及这些语言授课模式与银行瓦拉希望女儿学习的英语类型之间的规模差异表明，瓦拉纳西不同类型的语言资本的“使用条件”各不相同（Blommaert，Collins，and Slembrouck，2005：213）。

在瓦拉纳西，很多人把孩子送到当地学校，银行瓦拉对英语的重视是其中的一个缩影。英语能提供空间流动的潜力，这对瓦拉纳西人来说很重要。许多人，包括印地语授课学校的孩子和他们的家人告诉我，如果一个人想“漫游”，英语是必不可少的。有些人说“漫游”是指去印度境外旅

① 这并不意味着意识形态建构在印度的其他地方也是一样的。马拉地人与说马拉地语的人的联系日益紧密，这在一定程度上依赖于孟买特有的竞争性劳动力市场。说马拉地语的人在 20 世纪 50 年代和 60 年代迁移到那里，遇到了一些既定的群体，如来自北印度的穆斯林织布工或有文化的南印度人，他们的英语技能使他们更容易获得文书工作（Hansen，2001：45）。汉森（Hansen）认为，印度的民族主义政党湿婆神军党对这些人的妖魔化是为了使说马拉地语的人具体化和合法化。

② 拉什米·萨达娜（Rashmi Sadana，2012：25）写道：“毫不奇怪，德里在定义国家文化参数方面发挥了主导作用，但这些定义（区域、国家或全球）往往受到质疑。”我认为德里对国家的贡献是在瓦拉纳西这样的地方建立的。

行，但大多数孩子认为德里是他们最终要去的地方，而去德里英语是必须掌握的。空间流动反过来为经济流动提供了机会。

瓦拉纳西人利用学校教育，以复杂的方式对他人做出道德判断，这有助于强化印地语和英语及其象征性资本和市场的当地化配置。一些人利用英语授课教育提供的流动性这个话题来批评渴望在其他地方找工作的行为，指出这种行为对父母缺乏关心或者对简朴的生活缺乏满足感。众所周知，贫困家庭得花重金才能把孩子送进英语授课学校，一些印地语授课学校的家长对此嗤之以鼻。几乎每一个和我交谈过的人，甚至那些很少或没有受过任何教育的人，都知道这笔钱多得惊人，以数千卢比计算。这些家长一致指出，如果没有适当的关系，穷人即使接受了英语教育，也无法在瓦拉纳西以外的地方找到工作。“有什么用呢？”许多人反问道。

但是，在瓦拉纳西，与中等教育差异有关的英语和对银行瓦拉很重要的英语并不一定代表相同的资本。其他瓦拉纳西人也和银行瓦拉一样担心，城里的学校不能教授在全国市场上有价值的英语。银行瓦拉不愿意让他的孩子和他一起在瓦拉纳西，其他瓦拉纳西人则被迫把自己的孩子送到其他地方上学。例如，镇上一所学费最昂贵的（英语授课）学校的一位家长的远房亲戚解释说，她自己的女儿目前在这所学校上一年级。然而，她的丈夫即将升职，调任德里。她说，在那里，她的女儿可以上一所更好的学校。她感到宽慰的是，她不必忍受与女儿分离的痛苦。我对此表示不理解，她解释说，如果她的家人留在瓦拉纳西，她最终还是需要把女儿送走，接受比当地更好的教育。我问她为什么其他地方的一些学校比当地学校好。她告诉我，上大学需要会说流利的英语，这对所有不是来自最好的英语授课学校的、“适应能力最强”的孩子来说是一个残酷的打击。然后她问我是否注意到她女儿学校的拥有者（她的表亲）的孩子比她女儿大 5~7 岁，却不在那所学校上学。当我回答说没有时，她露出了讽刺的笑容。

这位如释重负的母亲和银行瓦拉有着相同的态度，即瓦拉纳西无法提供未来成功所需的英语技能。此外，这种共同的态度证明，相对于那些子女在瓦拉纳西的英语授课学校接受教育的人而言，他们两人都属于精英，因为他们将其他地方的教育视为维持阶层稳定性和流动性的工具。

一些与英语教育无关的人表示，瓦拉纳西的英语授课学校无法提供必要的语言资本，无法帮助人们在更中心的地方取得成功。一位女性因为自己困难重重的教学经历，在自己家的屋顶上为极度贫困的人免费开办学校。大多数孩子来自附近的贫民窟，离学校只有几个街区。贫民窟的常见居住群体为"贱民"或"达利特"，后者的字面意思是"受压迫者"。克里希纳·库马尔（1989：59－77）解释说，当课程内容中提到"贱民"时，他们通常被嘲笑为落后者。坎查·伊莱赫（Kancha Ilaih，1996：177）将自己和他成长的社区描述为"达利特"，反思自己不了解学校提供的材料：

> 我们的英语教科书谈论的是弥尔顿的《失乐园》或《复乐园》，还是莎士比亚的《奥赛罗》或《麦克白》，抑或是华兹华斯关于英国自然的诗歌，对我们来说有什么区别呢？或者一本讲述迦梨陀娑的《梅加桑达姆》、布默拉·波坦纳（Bummera Potanna）的《博伽瓦谭》，或者娜娜亚和蒂卡纳（Nannaya and Tikkana）的泰卢固语教科书《摩诃婆罗多》。对于我们而言，除了一本教科书是用26个字母写成的，另外一本是用56个字母写成的这个事实，有何不同？它们的内容跟我们并无交集，其叙述亦未反映我们的生活，在我们的家庭环境里也寻觅不到它们的踪迹。如果不借助字典，这些书对我们来说没有任何意义。

请注意，尽管伊莱赫谴责正规教育使用的文学材料排斥"达利特"，但他还是提及了英语和泰卢固语（安得拉邦的官方语言）之间的区别，它们体现了学校唯一的标准化语言的多样性。瓦拉纳西对应的语言是英语和印地语。①

在印度教育用语中，民办学校被认为属于非正规教育部门，在与语言授课差异相关的讨论活动中，这些学校被完全忽视了。然而，这位在屋顶上开办学校的老师批评了镇上学费最昂贵的英语授课学校的校长。她解释说，很多住户的孩子无法进入"位于德里北部城市德拉敦的杜恩学校和位于德里的现代学校"，只能就读于穆索里的伍德斯托克学校。杜恩学校在

---

① 克里希纳·库马尔（1989）证实，这些标准形式和代表性的文学材料不利于北印度的"贱民"，不管说什么语言，他们都会被疏远。

印度被视为英语教学和提供国际化立场的典范。这位老师接着解释说，因为这些孩子是在自己父母居住地的学校开始接受教育的，所以他们无法通过杜恩学校或现代学校的入学考试。她谴责那些想去英语授课学校接受教育的想法通常是“愚蠢的”。

因此，对语言授课的反思从两个方面颠覆了三种语言教学模式。首先，瓦拉纳西人认为学校体现了一种二元性，这种二元性严格区分了语言模式所力求的互补性。其次，在这两种授课语言中，只有英语能够在市场中提供资本，而这一模式所设想的市场在语言上是多元的。尽管印地语代表着这个国家，但英语在其中提供了空间和经济上的流动性。

单语意识形态及其资本

瓦拉纳西官方政策与语言、民族、公民结构之间缺乏共鸣，对这一点的探索虽然揭示了印度语言市场的复杂性，但并不全面。已发表的评论表明，我在瓦拉纳西认识的人，无论其社会经济水平或意识形态倾向如何，都无法进入这一市场，获得这种资本。印度政府放任印度语言对英语的侵蚀，任其发展，一些出版作家对此进行批评，从而将印度这个国家——而非印度本土——构建为一个弱势市场。①

这种批评引发了伍拉德（1999：3）所说的“单语观点”。在曾经被殖民统治的地区，协调民族和语言的愿望所引发的冲突无处不在，但并不局限于此（Errington，1998，2001）。在一篇著名的论文中，本尼迪克特·安德森（Benedict Anderson）指出，印刷资本主义的出现，是一个促进现代国家和民族语言相互想象的过程。安德森（1983：46）描述了殖民主义

---

① 莫妮卡·海勒（Monica Heller，1999：270）在广播中听到国际知名流行乐队宠物店男孩（Pet Shop Boys）的一首歌曲时表达了自己的惊讶，这首歌曲包含了几种西欧语言，以突出使用多种语言的价值。根据海勒的说法，这首歌说明了一种可能性，即多语言产品可以被视作“新经济秩序中精英地位的标志”。然而，海勒认为，这种发展必须结合具体情况。例如，她指出，这首歌出现在欧洲的社会经济变革中，促进了欧盟的形成。本书中引用的已发表的评论加强了海勒的呼吁，即把多种语言的意识形态置于语境中。尽管精英本身会说多种语言，但他们仍然把印度的英语作为一种受到印度本土语言影响的语言。

统治地区所面临的困境：“这些（基于印刷语言的）社区的潜在延伸从本质上是有限的，与此同时，除了与现有的政治边界存在最偶然的关系，它们之间没有任何关系。”爱德华·格雷（Edward Gray，1999：9）更直截了当地指出：“与现代民族主义者的自以为是相反，语言和政府的界限几乎从未匹配过。”事实上，“一种语言就是一个民族”的意识形态继续对国家构成“挑战”，特别是那些曾经被殖民统治的国家（Woolard and Schieffelin，1994：61）。伍拉德（1998：21）解释说，从殖民统治中独立出来并没有减轻这种差异带来的负担：“后殖民时代的语言规划中普遍存在‘发展’的意识形态，在这种意识形态中，有意识的干预被认为是必要的，以使语言适合多样性现代功能。”反过来，发展指标也可以被用来判断各国政府在灌输现代性方面成功与否。

因此，国家和政府可以成为一个行动者，其对语言和民族之间关系的态度值得审视。一个政府是否能够——或者希望——创造和传播一种统一的语言将决定它的成败。一种可能性是一个正在构想的国家或者一个未来的国家，其发言人试图用一种统一的语言来构想这个国家。杰奎琳·乌拉（Jaqueline Urla）指出，为了获得语言合法性，政府或未来的政府有时会进行人口普查，以缩小语言变异的参数。乌拉（1993：831）指出：“就巴斯克民族主义而言，人口普查强调识字率，忽略方言，从而驳斥了长期以来的假设，即巴斯克语不是一种完全现代的语言，巴斯克语使用者不是单一的语言群体。”构成印地语带的语言区域对人口普查结果的使用大相径庭，只有迈蒂利语得到了承认。

无论是通过防御、复兴还是创造的修辞，一种语言都可能出现，它往往有着不为人知的发展历史，以规范公民获取政治信息和参与政治的行为。伍拉德举了一个美国的例子。虽然旧金山通常支持多元化，但该市政府在 1983 年通过了“提案 O”，禁止在该市的投票活动中使用英语以外的其他语言。根据“摆脱其他语言的诱惑，‘真相’更有可能以直白的英语呈现”这一假设，“提案 O”构建了一种单语选举，将少数族裔选民从他们自己操纵的领导人手中解放出来（Woolard，1989：272）。这些事件表明，在政府活动中需要使用单一语言的假设在国家层面可能不存在，但在关键时刻却可以在地方层面动员起来，以“消除”一些可能威胁统一的明显行为。①

从单一语言意识形态的角度来看，另一种可能性是国家和政府未能设计和灌输一种国语。印度就是最受抨击的例子之一。印度的多语言制度是印度在国内外引发众多批评的基础。例如，凯拉什·阿格瓦尔（Kailash Aggarwal，1997：38）谴责在出版物（甚至是学术出版物）中使用“语言实验室”或更糟糕的“语言疯人院”等术语来描述印度。一些批评家强调语言实践的多语言性，尤其是在官方语境下。例如，在一篇名为“Indish”（印度+英语）的文章中，库什旺特·辛格（Khushwant Singh，1986：37）从国家和政府的角度寻找印度人，甚至国会议员都倾向于说“语言杂烩”的原因。“实验室”“疯人院”和“语言杂烩”这样的术语助长了一种观念，即印度是一个语言混乱和无序的地方。

一些作者在印度的英语刊物上发表了评论文章，指出印度人说英语本身就说明了印度政府的失败。尽管这些作者都没有呼吁在印度强制推行单一语言，但他们都用混乱的形象来抨击国家和政府及其教育体系，称其未能利用和推广一种不受其他语言干扰的合法语言。

这种意识形态定位指向了印度不同于其他国家的特定精英群体。在印度各地，不同地区、不同邦的政治历史，以及村庄、城市或居住地的经济发展历史都会影响精英的构成。这些因素以复杂的方式与语言实践相结合。例如，布拉杰·凯齐卢（Braj Kachru）指出，一般来说，印度精英几乎不使用单一语言。在英语和本土语言（如旁遮普语、印地语或孟加拉语）之间进行语码转换和语码混合，是精通英语的精英在许多语境中进行语言实践的正常特征。因此，各地精英们开始推动英语区域变体的发展（Kachru，1992）。我用凯齐卢的观点来论证本章这一节中引用的作者的独特性。事实上，凯齐卢所描述的那些培养了英语区域变体的精英似乎正是本文所引作者最关注的目标，因为他们担心其他语言对英语的影响。英语

---

① 雪莉·布里斯·希斯（Shirley Brice Heath，1981：6）解释说：“美国语言环境的遗产是……拒绝官方选择一种国语或国家制定有关拼写、发音或语法的语言决策。然而，绝大多数美国人认为英语是国语，了解拼写、发音、用词和用法的正确性，以及掌握阅读和写作英语的能力，是每个美国公民的理想目标。”

在印度的社会存在形式是如此的多样，以至于“英语精英”这一概念毫无疑问是有问题的（Alok Rai，2001：8）。我认为，印度懂英语的精英阶层之间的差异，可以通过他们在媒体和政治上的职位，以及他们对英语的意识形态倾向来大致确定。

印度的精英阶层也存在意识形态差异。在印度，用英语发表文章的作者在语言方面表现出一系列意识形态上的立场（Kachru，1996）。有些人认为英语只是他们会说的众多语言中的一种。其他人认为英语是一种印度语言。一些用印地语或马拉地语等印度地方语言写作的作家，认为自己被那些在英语文学上取得成功的印度作家背叛了。我的观点是，对印度英语感到担忧（乃至焦虑）的意识形态视角恰恰来自本节讨论的精英阶层，而非其他社会阶层。

例如，本节所引用的作者（按引用顺序）包括：曾任《印度斯坦时报》主编和印度联邦院（上议院）议员的库什旺特·辛格（Khushwant Singh）；曾任《印度时报》副主编，并为多家报纸、杂志和期刊撰写专栏的朱格·苏莱娅（Jug Suraiya）；印度知名社会议题期刊《研讨会》的联合创始人罗梅什·塔帕尔（Romesh Thapar）；曾担任印度前总理英迪拉·甘地（Indira Gandhi）和拉吉夫·甘地的新闻秘书的沙拉达·普拉萨德（H. Y. Sharada Prasad）。上文提到的英文日报在印度的发行量较大。此外，部分被引作者因其畅销书作家身份而广为人知。

这些精英与银行瓦拉、其他认为瓦拉纳西无法提供不受印地语影响的英语的人不同，因为他们的观点已经在印度的主要媒体上发表。① 在意识形态上，他们与银行瓦拉等人的不同之处在于，他们使用了国际框架来讨论（和贬低）印度的英语。银行瓦拉并没有把印度人说的英语作为一个具体的印度问题。事实上，他相信自己能说一口标准的英语，并遗憾不得不把女儿留在德里，接受在瓦拉纳西无法获得的英语教育。因此，与本节引用的作者不同，银行瓦拉担心，一个人在印度境内迁移居住地，会使其子女失去学习英语的机会和英语提供的语言资本。

① 另一个在瓦拉纳西找不到的印地语和英语精英职位，请参见钱德（Chand，2011）。

在一篇刊登在全国性日报上的社论中，苏莱娅（1990）总结道："除了在唯我论语境中，所谓的'印地式英语'（印地语+英语）缺乏影响力和共鸣。"这些关于印度语言混乱的批评，与针对纽约的波多黎各人在公开场合使用西班牙语的指责如出一辙。一道无形的边界被由此划定：可接受与不可接受的、合法与非法的、有价值与有缺陷的。邦妮·乌尔丘利（1991：298）认为："只有在（波多黎各市中心）附近（或者像居民们说的'在这附近'），英语和西班牙语才能安全共存。"① 在这样的语境之外使用非标准英语——尤其是被认为与西班牙语混合或受西班牙语影响的英语——会将波多黎各人种族化，与那些在假想中说标准英语的人形成对立。

对于与乌尔丘利一起工作的波多黎各人来说，邻里界限是安全和危险的分界线；而对于本节引用的作者来说，民族界限则是分界线。在公开场合使用混合西班牙语的英语使波多黎各人种族化，表明他们不适合美国国内市场；使用印第安英语则标志着印第安民族本身低人一等，表明他们不适合国际市场（Urciouoli，1996）。因此，政府往往要承担责任。例如，塔帕尔（1986：3）将英语与这个国家联系起来，并将责任归于政府："必须承认，40 年来，我们一直拒绝敞开心扉去面对语言上的纠结，因此产生了被称为印度英语的'杂种'。"塔帕尔借现代民族国家的发展历程暗指政府无能——既不愿意也没有能力培育合法、规范的语言体系。普拉萨德（1986：24）把讲印度英语的人描绘成无知的傻瓜："印度英语也许可以被定义为一种印度人写的或说的语言，他们相信这就是英语。"印度英语被称为"印地式英语""官僚英语"和"印度式英语"等，暴露出政府无力在公民中推行（合法）英语的深层困境。

结　语

人们有办法通过印地语是母语这一观念，使印地语在印度占有一席之

① 对于被种族化的波多黎各人来说，这是事实。当"垃圾西班牙语"出现在白人的话语中时，它有可能对他们产生积极的影响（Hill，1998）。

地。例如，印地语授课学校的老师认为他们的学校环境很舒适，因为他们的学生说母语。然而，通过语言命名学校的制度将人们卷入了一个超越个人母语诉求的国家框架中。当置身于一个价值不断涌现的市场中时，人们就会被卷入一系列差异之中，这些差异比印地语作为母语与国语、英语作为其他语言同国际语言之间的对立所暗示的差异更为复杂。国家政策之所以是全国性的，是因为它认为国家被标准化的语言划分开来，其中许多语言与邦界重合。印度采用三种语言教学模式，其中的语言价值可以通过学习另一个邦或地区的语言而产生，这样就有可能促进邦与邦之间的交流。语言差异构成了国家的本质特征，而个体跨越这种差异将决定国家内部能否实现区域间的交流。

然而，人们想象印地语和英语之间差异的方式，以及这两种语言在制度上的区别，以一种与三种语言模式截然不同的方式重塑着空间关系。通过掌握一门遥远地方的语言，遥远的地方在三种语言模式中产生了共鸣。遥远的地方在通过英语进行授课的话语中产生了共鸣。反过来，印地语会引起当地人的共鸣，或者至少与未迁移的人产生共鸣。在找工作时，迁移是很重要的，特别是在当地找不到工作时。这些工作主要集中在信息技术领域，无论是与客户打交道的服务领域、编程开发领域，还是故障排除和修理维护领域。要获得这样的工作，人们必须离开瓦拉纳西，到英语授课学校去接受教育。进入印地语授课学校接受教育不需要迁移到其他地方，那些不愿意迁移的人适合去印地语授课学校上学。瓦拉纳西的体制差异通过印地语授课学校与低廉学费、英语授课学校与昂贵学费的联系，印地语授课学校与各邦教育委员会、英语授课学校与其隶属的教育委员会的联系，以及印地语授课学校与静止不动、英语授课学校与迁移之间的联系，巩固了语言价值。人们渴望通过迁移到其他地方接受英语教育，来改变自己所处的阶层。政府促进各邦交流的政策并没有成为阶层流动的标志，因为阶层流动源于印地语授课学校和英语授课学校之间的制度鸿沟。

这还不是故事的结局。对于瓦拉纳西人来说，这个国家充满矛盾。在城里有工作的人，因工作可以去全国各地，而不仅仅是瓦拉纳西。对他们来说，语言之间的鸿沟并没有消除语言的价值。有些人认为瓦拉纳西的任何学校都无法为他们的孩子提供在其他地方，尤其是国家首都所能获得的英语教育。在瓦拉纳西，母语的概念引起了人们的共鸣，虽然他们的英语可能带有当地教育的痕迹，但他们并不为自己缺乏更国际化的教育而苦恼，因为他们无法进入语言市场，而这种教育在语言市场中是有意义的。也就是说，他们能感受到在印地语授课学校接受教育的人所面临的危机，但他们没有意识到在英语授课学校接受教育的人也面临危机，即英语可能被认为是有缺陷的。

那些让孩子在瓦拉纳西以外的地方接受教育的人，反过来会被另一种精英阶层边缘化，他们的语言观念已经在全国发行的报纸和期刊上以社论的形式被公开。这些精英作者以国家整体为框架，构建出一种缺乏国际英语资本的本土英语变体。前一章回顾了社会语言学家的著作，他们认为印度之所以不同于其他国家，是因为其多变的多语言体系；本章提及的精英则认为，印度之所以不同于其他国家，是因为它特殊的英语形态。就我在瓦拉纳西遇到的人而言，这些立场都不典型。

有些人确实在意他们的孩子能否在其他地方学习某种特定的英语，但这些决定是由瓦拉纳西的不足推动的，而非印度的不足。托马斯·汉森和芬·斯特普泰（Thomas Hansen and Finn Stepputat，2001：36）断言，国家被神化的方式不尽相同，表述使其成为现实的方式也不尽相同。瓦拉纳西人把邦政府和印地语授课学校联系在一起，尽管从根本上来说，无论是公立的还是私立的教育委员会，最终都受邦政府监管。本章表明，瓦拉纳西的印地语授课学校和英语授课学校之间的划分可以在几个语言市场中进行，从而实现（或者丧失）它们的价值。对于那些把子女送到本市认证学校的人来说，印地语授课学校和英语授课学校的区别，与公立和私立的、地方和全球的，以及遥远和附近的概念是互相交叉在一起的。那些让孩子在其他地方接受教育的人意识不到这种差别。可以说，授课语言差异的显著性将个体定位于某个特定市场——这个市场与瓦拉纳西之外其他地区的市场并不相通。

第三章　边缘地区的广告：传播方式与学校价值的生成

1996年12月，在短暂的假期里，我决定坐14个小时的火车从瓦拉纳西去德里。我与上一章所提及的那位退休的中等教育中央委员会的官员见了面。她对学生在校学习三种语言的政策了如指掌，她渊博的知识让我大开眼界。我曾解释道，瓦拉纳西人对三种语言授课模式一无所知，对此她的回应也十分有趣："德里以外的教育就是一场灾难。"她认为德里是一个中心，这里秩序井然，居民了解政府和教育机构的活动和目标，德里之外的边缘地区的人们则一无所知。旅途中，我遇到一对中产阶层夫妇，他们从德里前往瓦拉纳西探亲。男士穿着平整的裤子和口袋插着钢笔的衬衫，女士身着熨过的纱丽，两人的行李箱也很结实。当火车缓缓驶入瓦拉纳西时，这名男士举起了铝制遮阳板为我们挡住了清晨的阳光。他的妻子在收拾行李准备下火车时，朝窗外瞥了一眼，说道："我们到了地狱。"这位聪明的女人预设着到达的场景，其讽刺性的转折源于瓦拉纳西所处的边远地区效应。她对地狱的潜在含义不以为意，其一是盛名在外的印度圣地瓦纳拉西其实名不副实，其二是眼前这一幕令她十分不悦，正如她补充的"脏乱不堪"。

火车贯穿了一条从边缘地区到中心地区的往返通道。虽然具体描述和结构各不相同，但在关于印度北部的对话中，中心地区和边缘地区之间的区别往往很明显。例如，一个盛行的说法是，作为中心地区，德里虽然井然有序，为移民提供从政和经商的机会，但同时也增加了风险。相比之下，德里以外的地方混乱不堪、孤立偏僻、经济停滞不前，但相对安全，因为这些地方的人们对阶层和潜在流动性的观念根深蒂固。谈论学校和语言通常能让人们更好地理解中心地区和边缘地区之间的关系。前几章提到的各种评论从教育委员会的隶属关系或英语口语的种类方面将德里定位为中心，但它们也把瓦拉纳西定位为说母语或者农村边缘地区的中心。

在印度北部，中心地区和边缘地区的建筑并不总是错落有致、整齐划分的。在谈论瓦拉纳西的学校时，印地语和英语可以用来区分中心地区和边缘地区。根据上文表述，当人们谈论瓦拉纳西的学校时，能与中心地区或边缘地区产生共鸣的元素是变动不居的。这一章告诉我们，当人们看到在城市周围展示的学校广告时，他们对学校的价值判断会受到更多的限制。就像在口语中一样，书面语可能会混淆印地语和英语之间的区别。诸如“学费”“委员会”和“授课语言”等词可以用印地语或英语表示。但是视觉语言需要使用文字，所以学校主要考虑选择梵文和罗马文。正是在语言与文字的结合中，学校广告才脱离了口头语言对学校的影响。

公立的印地语授课学校从不主动宣传，但其校名牌匾一直以来都以天城体书写的印地语示人，私立学校则用梵文和罗马字母转写一系列印地语和英语来进行大力宣传。此外，学校广告中并不存在口语话语的多样性，因为印地语与边缘地区、英语与中心地区的对应关系是固定的。如瓦拉纳西最负盛名的英语授课学校都用罗马字母转写英语进行广告宣传，知名度较低的学校则用各种语言和文字系统组合进行广告宣传。

与瓦拉纳西街头的广告相比，报纸的发行范围要广得多。这是因为当地学校在街上张贴广告，而瓦拉纳西以外的学校在报纸上刊登广告。事实上，在报纸上刊登广告的学校都是在其他大都市的以英语为授课语言的著名学校。本章认为，从在报纸上刊登广告的角度来看，瓦拉纳西街道上各种各样的语言和文字系统组合表明瓦拉纳西是一个边缘地区。从规模来看，报纸的层次更高，因为在报纸上刊登广告的学校位于远离瓦拉纳西的大都市中心，而在城镇周围发现的广告是较为低层次的，因为在那里张贴广告的都是本地学校。高层次的信息是用罗马字母转写的英语来表达的，而低层次的信息是用梵文和罗马文转写的印地语和英语表达的。在口语交流中，人们以母语或国语为荣，地方性的东西可能成为中心，这一可能性在城镇周围和报纸上的广告中消失了。

古普塔和弗格森（1997：6）问道："人们对地方、社区和区域的认知是如何形成并延续下去的？"在讲印地语的北印度地区，学校通过授课语言差异在这种认知建构中发挥着重要作用。广告中的语言和文字系统组合与学校类型息息相关。相对于口头话语，广告限制人们将印地语授课学校和英语授课学校与中心和边缘地区相联系。因此，口头话语和书面广告为中心和边缘的建构提供了不同的可能性，而这种差异主要取决于每种传播类型所提供的符号工具。① 我对口头话语和书面广告的平行研究表明，在瓦拉纳西涉及学校的语言活动中，中心和边缘的建构并不总是可变的。

语言授课学校的中心—边缘属性与全球—地方维度

在考虑语言差异如何被用来建构中心和边缘地带之前，有必要理解它们与另一种差异——全球和地方之间的差异——相呼应。"印地语"和"英语"分别代表本地和异地，"语言授课"则代表德里和其他城市。一所学校与其所体现的对比性特质之间的指向关系是一种植根于印度北部学校教育背景中的符号学关系。例如，人们不必对这些关系进行公开描述，因为它们已形成并联系在一起。

当学校教育和语言出现在口头话语中时，什么是全球性的和地方性的，什么是中心的和边缘的，都会有所不同。前面已经提到的两类学校分别是中心地区和边缘地区的典范。英语授课学校给人们提供了一条离开瓦拉纳西的道路，让人们有机会去别的地方就业，尤其是去德里。相反，在瓦拉纳西，印地语授课学校并不能给人提供进入中心地区的机会，因为其他地方的就业机会增加了。然而，就业机会的增加并不能完全说明语言和教育的构建如何与中心地区和边缘地区之间的差异产生共鸣。在瓦拉纳西，许多印地语授课学校的学生明确将爱国主义与印地语及他们所接受的教育联系起来。印地语授课学校的学生及其家人解释说，印地语既是一个

---

① 总之，学校广告展示了语言能够接受和评价的领域，这与口头话语有很大的不同（Spitulnik，1993：297）。

人的“母语”，也是印度的“国语”。在将印地语等同于母语和国家的话语中，作为一个整体，瓦拉纳西因其在印地语带中的地位占据了中心地位。通过母语、收费结构和委员会隶属关系等概念，授课语言差异构成了乌尔丘利（1995：539）提出的语言边界，即边界是共性突然终止的地方，创造边界的语言元素代表并有效地形成这样的地方。一提到授课的语言模式，学校就会陷入一场对立的竞争中，在这场竞争中，语言边界区分了当地印地语和全球英语。西尔弗斯坦（Silverstein，1998：405）指出，任何地方性的构建都是相关的：“‘地方’语言社区并不存在于自然状态中。与全球性相对的地域性概念本身就预设了一种自我—他者位置的对比意识，这是群体文化工程的一部分。”在瓦拉纳西，关于授课语言的论述以地方为参照，与全球形成对比，但全球性的机构范例——英语授课学校——在当地随处可见（Silverstein，1976）。

口语交流中最吸引人的一个方面是，讲话者将地方（印地语）和全球（英语）之间的关系转换为中心地区和边缘地区之间的区别，这种转换并不总是可以预测的。例如，一个人可能会对印地语授课学校赞叹不已，认为印地语是母语的组成部分，是民族（中心）的象征，而对英语授课学校不屑一顾，认为其不仅是外来的，还是对母语（边缘）冷漠或回避的象征。然而，另一个人可能会对印地语授课学校感到不屑，认为其与孤立的印地语地区（边缘）联系在一起，英语授课学校则提供了一种泛印地语或国际价值（中心）的语言。就读这种或那种语言学校的价值是通过关系体现的，但在确定哪些是中心地区、哪些是边缘地区方面，价值是可变的。

口头话语与广告中的中心与边缘

学校广告呈现出一种语言活动场域，由此产生的主导性和颠覆性不似学校教育中的口头话语那么具有易变性。有关学校的谈论和有关学校的广告，这两者在语言和学校之间的关系建构方面体现出不同的方式，也因此体现了不同的类型。汉克斯（Hanks，1987：687）借鉴巴赫金（1986）关于类型的描述，指出“传统的话语类型是语言习惯的一部分，诞生于当地演员的台词中，但这些类型也可能产生于不同环境下的对话中”。因此，在反映印地语授课学校和英语授课学校教育价值的建构中，其可能性的大小取决于这种建构是发生在口语会话中还是广告中。当特定类型的语言活动进入语言市场后，这些语言活动的符号属性似乎（至少有可能）会在主导性和争议性方面产生差异。①

要了解广告相对有限的指向可能性，就有必要了解学校广告中存在的哪些符号学特征是口语谈话者所不具备的。在广告中（口语中很常见），语言的多样性与其适用领域之间的关系从未被提升到显性指涉层面。例如，“英语是德里一些人的语言”。而这在口语中很常见。书面语言有着人们在日常交谈中无法获得的符号关系，印地语和英语都可以用梵文或罗马字母来表示。② 这种混合模式是无法用口语来表达的。

下文讨论的广告以两种不同的方式进行传播：一是城镇周围的报纸，二是德里或从北方邦首府勒克瑙送往瓦拉纳西的报纸。在瓦拉纳西周围发现的学校广告，包含了所有可能的印地语和英语组合，并且它们都是由梵文或罗马字母转写而成的。相比之下，通过报纸传播到瓦拉纳西的学校广告在语言和文字系统组合上缺乏这种可变性，报纸上的学校广告只有一种语言（英语）和文字（罗马字母）的组合。因此，报纸上的学校广告中的语言和文字系统组合只对应瓦拉纳西街道可能出现的一种组合，仅仅反映学费最昂贵的学校。由此可见，报纸上的广告将印刷页面之外（遍布瓦拉纳西城区的实体广告）存在的多重指标可能性本身转化为一种指标（Silverstein，1996）。

报纸上的学校广告缺乏指向性，使城中盛行的其他语言和文字系统组合成为瓦拉纳西处于边缘地位的标志。由于语言和文字系统组合的稀缺性，来自其他地方的报纸上的学校广告自然成为中心地位的象征。瓦拉纳

① 欧文（1989：256）对布迪厄关于跨市场支配关系的理论框架提出批判，指出其忽视了不同交际活动领域之间的本质差异：“该理论（布迪厄的概念体系）倾向于将语言简化为预设性指示关系，并由此完全推导出语言在政治经济学中的功能。”

② 梵文字母受婆罗米文影响。Nagari（字面意思是“城市”或“大都会”）是印地语、马拉地语和尼泊尔语的官方文字，也是拉贾斯坦语、多格拉语、迈蒂利语（比哈尔语）和帕哈里方言的官方文字（Masica，1991：133－151）。

西对中心地位的追求，体现在印地语授课学校指向印度民族，而这种指向也包含在当地多样化的广告中。从报纸上的广告呈现的指向可能性来看，瓦拉纳西整体上被建构为一个存在偏差的边缘地区。

学校广告的符号建构：语言和文字

你几乎可以在印度城市中心的任何地方找到所有的语言（印地语或英语）和写作系统（梵文或罗马语）的组合，毕竟那里广告遍地。瓦拉纳西和其他城市提供了一种“语言景观”，即“除了私人住宅，你会发现从路标到街道、商店和学校都有自己的书面标识”（Ben-Rafael，Shohamy，and Barni，2010：xiv）。任何了解印度公共空间的人都会认识到，在经济自由化之后，“语言革命”的基础是身份展示和商品消费实践，“允许语言混合，新的语言规则、拼写、句法，以及单词与其他表征（如声音和图像）相结合”（Shohamy and Gorter，2009：3）。

然而，相比于其他广告，学校制作的广告形成了一个特殊的群体。在学校广告中，语言与脚本之间的关系是有代表性的。这与一般广告不同。在一般广告中，语言和脚本并不一定协调。不同于其他类型的广告，学校广告会根据所宣传的学校或委员会的不同，呈现出可预测的语言和脚本组合。瓦拉纳西学校和补习机构广告中的组合具有指向性：使用罗马字母书写的英语普遍存在于学费昂贵的英语授课学校的广告中，而采用梵文书写的印地语专门指向具有政府背景的印地语授课学校。

偏差性组合（语言和文字系统的非标准搭配）在瓦拉纳西普遍存在，但它们总被认为是“混乱”的。与印地语或英语授课学校相关的家长、老师和校长相对不太关心教育之外的商业领域内的语言和文字系统组合。不过教育机构的广告则是另一回事。学生要想在学校接受教育并取得巨大成就，就需要学习标准语言，因为这种意识形态与学校广告中对词汇和文字组合的评估交织在一起。老师和家长一致认为拼写和语法是学生最难掌握的。每一种实践都以标准化语言形式为前提。标准化概念区分了商业产品广告中无关紧要的语言和文字系统组合，以及教育机构广告中被认为具有教学效果的语言和文字系统组合。因此，虽然特定学校的识别是通过学校名称来完成的，但语言和文字系统组合可识别学校属于按授课语言划分的更大类别。如果要根据语言和文字系统组合确定学校类型，那么必须基于教育机构广告中的此类组合。但在为其他种类的产品和机构做广告时，语言和文字系统组合并没有类似的作用。

和其他印度北部城市一样，瓦拉纳西学校的广告似乎无处不在。幕布、贴纸、塑料或金属的标牌弥漫街头壁沿；在街道两旁的墙壁上，耸立着巨大的广告牌；在电话杆、电线杆或其他杆子上，还钉着金属或木制的广告牌。或许，最司空见惯的是直接画在街道墙上的广告。我还记得每天在离家最近的十字路口买槟榔时，会看到一块早已褪色的标牌，上面是当地一所学校的广告。在我光顾的那个摊位建成之前，广告被直接画在了卖槟榔的邻近摊位上，只有顾客能看到一部分广告。广告在公立学校和私立学校之间形成了鲜明的对比。大多数学校在校门附近都有标牌，公立学校也不例外。相比之下，私立的印地语或英语授课学校会大力做广告来宣传学校。除了入口处的标牌，私立学校的标牌遍布城市所有公共空间，可以说这些学校是城里做广告做得最多的机构。值得一提的是，印地语授课学校和英语授课学校都做广告，但方式截然不同。最明显的区别是广告所用的文字和语言，后者区别没有那么明显。有人可能像我最初预测的那样，认为英语授课学校用英语做广告，以罗马字母转写，而印地语授课学校用印地语做广告，以梵文文字转写，但事实并非总是如此，甚至大部分情况下都非如此。这种预测确实适用于市郊的女修道院学校和瓦拉纳西学费最贵的西克雷斯分校。这些学校的标牌的制作成本看起来是最高的，它们的广告也是唯一能在电视上播放的。在这些学校中，语言问题及其在文字中的表现是没有实际意义的，因为印地语或梵文并没有出现。

就授课语言和广告语言之间的匹配程度而言，其他学校就不那么容易预测了，因为有些学校完全没有提及授课语言这回事。例如，它们的名字可能会使用印地语或者英语。有时，英语出现在梵文文字中；有时，印地语出现在罗马字母中，尽管这种情况很少见。在这些学校中，除非明确说明，否则很难猜测广告中的学校属于哪种语言授课类型。相比之下，公立学校的标牌总是用梵文书写，而为数不多的几所负有盛名的“中央学校”，其英文名称是“××中央学校”，紧随其后的是其梵文名。

学校很少宣传老师是采用印地语进行授课的。在我所记录的瓦拉纳西数百所学校的广告中，只有一两所学校在标牌上或路边的广告中写了“印地语授课”。[①] 自称英语授课的学校要常见得多，并且许多收费学校还会在广告中明确表示出来。最常见的是用罗马字母做广告，尽管有时一些词语也会以梵文呈现出来。在仔细思考了这些可能性之后，我意识到，印地语授课学校的标牌（由罗马字母中的英语呈现出来）是多么荒谬。

一些学校还宣传了它们与委员会的关系。然而，很少有学校宣传自己隶属于北方邦委员会。图 3－1 显示了小星星学校的标牌。标牌中，学校名字及一些英语和印地语单词都使用了梵文音译的英语。

图 3－1　小星星学校的标牌

广告中更为常见的是学校宣传自己隶属于中等教育中央委员会。无论是在口头交流中还是在广告中，使用首字母缩略词通常绰绰有余，在广告中，人们会看到“CBSE”，或者梵文字母缩写的英文字母。上一章的图

① 请注意英语授课学校和印地语授课学校的广告之间的差距，前者占主导地位，后者则几乎隐身。部分官员反对将英语作为殖民者外语的政治修辞。许多中上阶层人士向我解释说，这些举措都是徒劳的，因为广告充分说明了人们想接受英语教育，如果称英语教育有害，那也是因为这会激起没受过教育的人的愤怒。中上阶层对广告的态度导致公立学校被排除在外。反过来，在田野调查中，我将这种差距描述为对英语教育的“狂热”。

2－2就展示了图尔西·维迪娅·尼克坦的告示牌，其声称自己与中等教育中央委员会有关联。虽然它的名字包含了当地的重要人物和印度教的主题，但大部分符号是用英语呈现的，并且都用罗马字母转写。一直以来，中等教育中央委员会的隶属学校都是城镇上学费最昂贵的学校。所以在谈话中，人们会将中等教育中央委员会与北方邦委员会并列讨论，这两个委员会是相互对立的关系，类似印地语授课学校和英语授课学校的关系。

很少有学校宣传与北方邦委员会的关系，但声称自己隶属于中等教育中央委员会往往会引起争议。例如，图 3－2 是小天使修道院学校的标牌。标牌上使用梵文音译的英语介绍学校在中等教育中央委员会的支持下提供“从幼儿园到小学五年级”的教学服务。我向一些人提到过学校的标牌，但没有一个人相信学校与中等教育中央委员会有关系。有人解释说，这所学校提到委员会，旨在树立威信，尤其是在英语授课氛围中。而在标牌的第四行，有人发现小天使修道院学校和小星星学校共用一个地址。当人们指责这些学校（用英语授课并收费）与委员会的虚假关系时，便会把矛头指向像小天使修道院学校这样的学校。

图 3－2　小天使修道院学校的标牌

一些学校并不在标牌上宣称自己隶属于某个教育委员会。它们通常未加入任何教育委员会。图 3－3 是瓦拉纳西南部“达利特”社区内一所学校的标牌。这个社区最初是一个棚户区，之后市政府在其周围筑起了墙。

后来，居民们将墙上的砖块取下来用以建造更好的房屋，后来这个房屋便成了学校。这所学校是为当地那些负担不起私立学校的学费、校服费用，甚至负担不起公立学校的校服费用的学生而设的。

图 3－3　社区小学的标牌

提出这些组合的可能性是为了展示广告是如何通过语言的视觉表达来说明学校教育的差异的。如图 3－4 所示，即使广告种类繁多，瓦拉纳西的学校使用的大多数广告形式只包括能体现学校特点的书面文字。但是也出现了两种例外。一种是补习机构广告中优秀学生的照片，另一种是有时也会出现的校徽。一些学费昂贵的英语授课学校（如西克莱斯特学校）已经开始在当地的有线电视上播放广告，但这是唯一一所这样做的学校。最常见的是，学校广告仅以书面语言的形式呈现。

		语言：印地语	语言：英语
文字	梵语	बालक विद्यालय (*bālak vidyālaya*)	टाड्लर कान्वेंट (*tāḍlar kānveṇṭ*)
	罗马语	Baalak Vidyalay	Toddler Convent

图 3－4　瓦拉纳西学校广告中语言表达的可能性（语言和文字的组合）

学校采用的授课语言和广告语言之间并不常常对应。然而，我在田野调查期间重点关注的两所学校——萨拉斯瓦蒂学校和西克莱斯特学校——展现了通过广告语言，学校的公共形象会有的两种极端情况。对于这两所学校而言，学校类型与广告特征（语言授课模式、广告语言、与委员会的隶属关系）之间的关系是可以预见的。对于其他学校，如小星星学校和小天使修道院学校，这些变量之间存在着明显的混淆，一些人利用这些“不一致性”来对学校的合法性进行评价。

综合来看，印地语和英语之间的词语选择，以及书写文字都清楚地说明了广告是如何建构语言授课模式的。换句话说，语言和文字系统组合通过广告为我们指明了所代表的学校属于哪种类型。语言和文字系统组合的指向功能产生了两个结果。首先，学校广告中语言和文字系统组合的指向性忽视了机构内部的语言复杂性。广告领域并不需要囊括学校实际会发生的更为复杂的语言互动。例如，当父母带着孩子参加入学考试时，在西克莱斯特学校的校长办公室里，孩子需要接受对印地语和英语的掌握能力的检测。我与一位公立学校的资深教师就印地语和英语在公立学校教学中使用方式的变化展开了相当深入的讨论（将在下一章介绍）。因此，学校和补习机构的广告似乎符合盖尔和欧文（1995：974）所称的“符号擦除”现象：“意识形态简化了语言实践的过程，使某些人、行为或社会语言现象变得不可见。”在选择语言和文字系统组合时，广告的极端模式遮蔽了此类场域中双语并用的符号潜能。因此，广告在某种程度上是一种独立的学校区分系统。如图 3－5 所示，学校的广告依赖于意义建构，而这种差异在其他产品的广告中并不明显。这是语言和文字系统组合引发的第二个后果，它解释了为什么书面广告中语言模式区分的指向性质不同于口头话语。萨拉斯瓦蒂学校和西克莱斯特学校展示了无论是否基于学校，这些组合在更大的广告语言范围内是可以被预见的。

文字 \ 语言	印地语	英语
梵语	（北方邦委员会） 公立的印地语授课学校	
罗马语		收费的英语授课学校 （中等教育中央委员会）

图 3－5 学校（和委员会）广告中文字和语言的关系

其他学校，如小星星学校和小天使修道院学校，其语言和文字系统组合可谓更多变和“杂乱无章”，这也是印度北部广告界的典型情况。一方面，表象与语言之间缺乏内在的系统对应；另一方面，语言与文字之间的对应关系并不显著（见图 3－4）。在印度北部无处不在的肥皂、火柴，甚至汽车等产品的广告中就有这样的例子。在这些广告中，产品的语言表现元素可能会引起关于语言与产品消费对应关系的讨论。然而，在印地语和英语之间，以及罗马语或梵文之间的表述选择中，没有什么是可以预测的。

图 3－6 展示了一家商店的名称，其店名在入口处醒目地用梵文字体绘制——博曼先生的店——以店主的名字命名。商店外面有许多日常生活用品，入口处的天花板上挂着婴儿玩偶和动物玩具。店内则摆放着琳琅满目的商品。这张照片拍摄于季风季节，为了让店员感到舒适，柜台一角还放着一台冷风机。相比大多数类似的商店中仅有的吊扇，冷风机算是奢侈品了。而较小的摊位上连吊扇都没有，商品也更有限。标牌上除了商店名称，还有一家软饮料公司的标志、地址和电话号码。这里有形形色色的广告，如一家受欢迎的电池制造商的广告（全英语），门框右上角的一家本地印地语授课补习机构的广告。

图 3－6　博曼先生的店

图 3－6 是这家杂货店的具体情况，图 3－7 则显示了这家店附近的商铺情况（博曼先生的店没有出现在图片中）。从左到右，有干洗店、另一家杂货店、药店和洗衣店。广告比比皆是，商标使用印地语和英语，并以

梵文或罗马字母转写。图 3 – 7 展示了所有可能的组合。商店入口上方用梵文绘制了杂货店的名称，并以罗马字母将店铺名称又写了一遍，就像博曼先生的店一样。这种罗马字母同样也出现在软饮料的塑料标牌上，然而，一英里外的同一家软饮料公司的标牌上却用梵文来表示“杂货店”。正下方是一则香烟广告，以英文（罗马字母）的商标名和印地语（梵文）的标语形式展现。① 附近商店前的长椅上用梵文写着“这里提供电子游戏租赁服务”。尽管许多人将影视和电子游戏视为舶来品，但它们还是能与印地语共存。

图 3 – 7　附近的商店

广告可以有多种解释，也可以引发多种评论或批评。与其他类型的广告相比，学校教育领域的广告则不那么容易发生变化。这里的重点不是学校广告需要让文字和语言处于适当的同步状态。如上所述，语言游戏不仅普遍存在于印度北部的所有广告领域中，还存在于将广告信息、产品或地

① 这个例子很好地说明了视觉广告利用文字差异来表现语言差异的方法。在店员之间的互动中，我听到了完全讲印地语的对话，只有香烟或其他商品的品牌名称是用英语呈现的。此类现象虽不构成严格意义上的语码转换（code-switching）实例，但在其视觉呈现层面——如商店外置的香烟广告所示——确实用的是英语。

点等背景因素与语言意识形态联系起来的评论中。学校广告领域的特殊性在于：其内部存在一组预设性（且被判定为正当的）关联法则，即将人物、对象或机构的语言表征与其广告呈现形式绑定，而这种关联性又可逆向用于解释其功能的正当性。梵文文字转写的印地语和罗马字母转写的英语，根据语言授课模式构成指向性对立词。这是有可能的，因为在学校广告中，教育委员会（虽然全国上下各不相同）都会在地方机构（那些声称与教育委员会有联系的学校）中找到自己的位置。

补习机构的广告：另一种教育机构的语言授课区分

在印度北部，学校不是唯一利用广告吸引学生的教育机构。许多家长跟我说，为了让孩子通过年度考试，除了接受学校的教育，孩子还需要更多的课外补习。许多人都需要家教服务。我认识的大多数家庭都是通过亲人或者邻里关系聘请家教的。许多家庭中有表亲在当地的贝拿勒斯印度教大学或喀什维迪亚皮斯大学上学的，他们要么愿意辅导孩子，要么认识其他可以做家教的人。不过，能接触到家教服务的家庭都是个例。

尽管如此，家教服务的广告还是铺天盖地。家教服务与学校宣传所使用的媒体种类基本相同：城镇周围的标牌和报纸上的广告。[①] 一些家教服务广告通过语言和文字系统结合，指向其服务所迎合的学校授课语言。例如，萨拉斯瓦蒂研究小组声称，为十到十二年级的学生提供科学和商业方面的指导。但是在广告第三行，没有提及艺术方面的指导。广告中的所有单词都用罗马字母书写，除了专有名称，其他单词都用英语表示。

为了吸引来自两种语言授课学校的学生，一些补习机构在广告中引用了并行和离散的授课语言组合——当然，学校在广告中从来不会这么做。图3-8所示的广告表明，补习机构的广告进行了授课语言的区分，在这种区

① 然而，我从来没有看到或听说过在瓦拉纳西播放补习服务的电视广告。

分中，印地语和英语，以及梵文和罗马字母的显著联系分别体现在一条信息中。如图 3－8 所示，这则广告高悬于路旁电线杆上。

图 3－8　M. S. S. 补习机构的标牌

在印度北部，诸如“M. S. S.”这样的缩写并不少见。尼塔·库马尔（1992：120）在使用此类缩写时的经验值得借鉴：

> “我是督察长的女儿。”这名男子是新来的，没听懂我的意思，但他带我穿过了检查员空荡荡的办公室，在路上和询问人员打招呼，并说“她是个大人物”。事实上，重要的不是督察长，任何两个或三个首字母都可以达到这样的效果。如果到了保密场所，并且我们有一辆吉普车，我们需要做的就是在前面放一张车牌，上面写着“R. S. C.，瓦拉纳西”（来自芝加哥的研究学者），以便与其他重要人物，如“A. D. M.”（其他地区的治安官）、“C. S. C.”（民间外科医生）、“C. E. E.”（首席执行工程师）的车牌相匹配。

虽然尼塔·库马尔提到的是权力机构的缩写，但她的经验很好地说明了这些缩写在印度北部的使用情况。也许，这些字母无关紧要，但是当它们出现在汽车牌照上时，就能够代表权力。[①] 在其他语境下，这些首字母所代表的范围比等级、公务员或职位更广。缩写并不囿于官方的、充满权力的领域，政党、公司和商业产品，以及标准的中继拨号（standard trunk dialing，STD）通常都以缩写命名。

之所以在这里展示图 3－8，是因为它展现了语言和文字的关系，而人们对印度北部广告业的各种可能性并不熟悉，比如，以罗马字母展现的英语术语、以梵文展示的印地语术语。尽管如此，转写的过程还是有趣的，特别

① 纳拉扬（Narayan，1993）描写了一位乡村妇女演唱婚礼歌曲时的情形，其中她用“V. I.”和“V. P.”来描述新郎（虚构）的教育程度。由此她提出了一种可能，即她可能启发了这位妇女去谈论学位。这位歌手由于不熟悉特定术语，创造了“V. I.”和“V. P.”，而不是人们常说的“VIP”。

是被引用的内容是以印地语或英语出现的时候。一个缩写足以代表一家公司，不过人们可能要看到第三行才能明白缩写所代表的意思。图3－8中，罗马字母代表印地语单词。缩写字母后面是罗马式的英文“*tutorials*”。如果没有在第一行以外加注，人们就不会明白这个公司名称主要由印地语单词组成。

营业时间“晚上”（*sāyãkāl*）用梵文字体书写的印地语表示，下一行的“级别”(*kakśāyẽ*)也是如此。罗马数字表示辅导的年级。委员会隶属机构的缩写“UP Board”以梵文字体呈现，也能以缩写的印地语呈现。这个标志本来可以用 *yū pī bord* 展现，这样就可以用梵文再现罗马字符（一种寻常的做法）。就这一点而言，它本可以用“UP Board”表示。然而，它保留了印地语/梵文字体和英语/罗马字体之间完美的二分法，以梵文转写一个缩写的印地语和一个不缩写的英语，让“UP Board”看起来并不像完全的缩写形式。“CBSE”是中等教育中央委员会的简称，该委员会专门监督一些收费的英语授课学校的入学要求，但这一缩写至今没有得到解释。直到广告的第三行，才出现学校的实际名称。Raji 最有可能代表“已注册”。地址包含街区名称和号码（B－31/36），以及邻近地区（比哈尔邦），这在印度北部很常见。最后，该补习机构的位置靠近一个重要的地标，即距离兰卡不远的桑卡特莫赞寺庙①。

就梵文和印地语、罗马字母和英语之间的对应关系而言，标牌中唯一的例外是公司名称。这种差异在标牌中尤为明显，因为标牌中没有保留印地语和英语、梵文和罗马字母之间的相关性。有两个因素导致了这种差异：一是广告中的语言实践领域，二是标牌本身的空间结构。标牌经常使用罗马字母作为公司名称的缩写，这些缩写可以代表英语或印地语；公司标牌也可以使用梵文来表示印地语或英语。② 图 3－8 中的缩写和相应词语

① 玛鲁蒂（Maruti）是哈奴曼（Hanuman）神的名字，该公司似乎有意为之，因为该公司位于哈奴曼神所在的桑卡特莫赞寺庙附近。

② 使用梵文似乎为首字母缩写提供了更多选择。人们从来没有见过“yu pee”或“yoo pee”（罗马字母的音译），或任何一个开头带“p”的字母；人们只能在公共场合看到“UP”（Uttar Pradesh）。在梵文中，邦名的首字母缩写（辅音元音组合）有时能代表完整的邦名，但有时也以代表罗马字母发音的缩写来代表州名（UP）。梵文转写英语可能是因为“UP”是政治中的缩略词，是官方英语命名法和库马尔（1992）描述的首字母缩略词的一部分。其使用程度之广，让梵文转写的首字母缩略词被广泛接受。

的空间结构使人们想起了库马尔的观点，即缩写本身就具有说服力。在库马尔看来，人们首先在标牌中看到缩写，然后才会想知道这些缩写代表什么。

在图 3-8 中，缩写和它指向的语言之间的关系要比库马尔的例子更复杂一点，原因有二。首先，这些缩写不像其他符号那样能对语言进行指定。换句话说，“M. S. S.”指的是以罗马字母开头的字母，而该公司的名称显然是印地语。这是一种翻译行为，与把 *u pra* 译为北方邦或把 CBSE 译为中等教育中央委员会的翻译行为有本质上的区别。因此，除了标牌本身构建的语言指向功能，“M. S. S.”是更高级的或不同寻常的。其次，第一行和第三行中的译文不相匹配。一个既懂印地语、英语又懂其缩写惯例的人，会想知道该公司的名字是不是 *māruti śikśaṇ sansthān TUTORIALS*（马鲁蒂学习学院补习机构）。[①] 正是这种差异暴露了发挥作用的语言过程。第一行呈现的标题与其余部分的信息在英语上不对等（任何不懂印地语的人都无法阅读）。事实上，图 3-8 这个标牌让我们清楚地认识到，印地语和英语需要分开，相对应的文字亦是如此。这样一来，标题就显得很奇怪，因此引人注目。

标牌中有标记或有参考价值的收费项目首先映入人们的眼帘，这绝非偶然：缩写词是印度北部流行的身份识别手段，从政府办公室到个人姓名都是如此。然而，尽管这些例子可以利用英语正字法表示“印地语发音”，或用基于印地语的正字法来表示“英语发音”，从而使文字的语言指向功能模糊不清，但此处我们所讨论的标牌的功能是“现场”构建的。此外，它还说明，在印度北部，文字除了发挥语言指向功能，还能发挥其他作用。用罗马字母对印地语的起始音节进行转写首先出现在一张标牌中，该标牌后来发挥的作用是保持文字和语言严格对应（梵文/印地语 vs 罗马语/英语）。对于印地语读者来说，除了两个缩写词和一个单词，该标牌中的其他内容都是用印地语表示的。

---

① 如果要认识其语言结构，人们就必须知道其中一种语言，才能了解该公司提供的是什么服务。

为地方打广告，为国家打广告：报纸上的学校

补习机构的广告不仅在瓦拉纳西公共区域随处可见，在报纸上也能看到。在瓦拉纳西，报纸和学校一样，是根据语言来划分的，有印地语、乌尔都语、英语和其他语言的报纸，即便它们不是在瓦拉纳西出版的。学校广告主要登在全国性日报上，这些日报除了报道全国性新闻，还报道印度主要城市及其周边地区的新闻。在 1996—1997 年的田野调查中，我发现勒克瑙的一份日报开始每周刊登针对瓦拉纳西的专题报道。随着网络出版的兴起，该市所有的全国性日报的官网都有了专门针对瓦拉纳西的网页。然而，本书提到的学校广告状况基本保持不变。

在瓦拉纳西报上刊登广告的大多数教育机构都来自其他地方，如德里、孟买和金奈等国际大都市。但在报纸上却看不到城镇中普遍存在的语言和文字系统组合所提供的指向多元性。在全国性日报上只有一种可能：用罗马字母写的英语。下面所举的例子表明，当地的广告以两种方式指向瓦拉纳西及其补习机构。一方面，全国性的教育机构只与瓦拉纳西学费最昂贵的英语授课学校的广告做法相对应，因为只有这些学校才用罗马字母制作英语广告。因此，瓦拉纳西学费昂贵的英语授课学校是该中心的标志，其他学校则不是。另一方面，全国性的广告将瓦拉纳西定位为边缘地区，因为语言模式的差异，瓦拉纳西周围地区的语言和文字系统组合的大部分指向功能在教育机构的广告中是完全缺失的。在瓦拉纳西，一些在英语授课学校就读的学生的父母和其他阅读英语报纸的人对我说，他们在城里散步时遇到的学校广告与报纸上的学校广告相比显得杂乱无章。

与本地教育广告一样，全国性日报上的广告也是由学校和补习机构制作的。然而，在报纸上，补习机构的广告策略与学校的广告策略差异更为显著。没有地方学校在瓦拉纳西广泛发行的全国性日报上刊登广告。当地的补习机构也没有做广告，但是，在我于 1996—1997 年第一次实地考察期间，一些补习机构提供的函授课程甚至延伸到了瓦拉纳西。一些享誉全

国的学校在全国性日报上刊登广告，但它们与补习机构的全国性广告实践有一个关键的区别。[①] 在全国性日报上刊登广告的名牌学校表面上吸引了来自印度各地的学生（寄宿学校），或者来自主要城市中心的学生（走读学校）。然而，在全国性日报上刊登广告的补习机构可能会接触到印度各地的学生。这些补习机构通常在几个城市地区设有分支机构，有时遍布全国。现在，几个全国知名的补习机构都在瓦拉纳西设有办事处。有时补习机构在全国范围内只在一个地方（通常在一个主要的城市中心）做广告，有时补习机构会提供学位函授课程，但这些似乎都是例外。

印度典型的精英学校是寄宿学校，许多都是建于英国殖民统治印度时期。这些学校吸引了印度各地的学生。它们代表了在印度现代后殖民背景下，英语作为一种连接邦或地区语言的纽带，具有典型的制度化特征（见第二章）。一些主要的城市地区也有英语授课学校，它们在全国性日报上刊登广告，但主要吸引当地城市中心的生源。这种学校的广告如图 3－9 所示。

广告中最引人注目的是那些在考试中取得优异成绩的学生面孔。第一个学生因在生物课中取得满分而得到赞誉，其余两个学生则因其总成绩很高而受到表扬。瓦拉纳西学校的优等生也在这个行列中，但他们的照片并未被用于广告中。[②] 如果学生在考试中取得高分，他们的照片将被刊登在西克莱斯特学校和萨拉斯瓦蒂学校制作的年刊上，这些年刊会分发给学生及其家人，而不用于一般广告。图 3－9 中广告的其余部分是在全国性日报上进行宣传的学校的典型内容。为了突显教学成效，十二年级和十年级的成绩分列展示——作为学生学业生涯的关键节点，这两个学段的成绩往往决定着后续的教育轨迹和具体学科方向。广告中详细罗列了学生实际考试成绩的百分比数据。尽管所有刊登广告的学校均宣称考生成绩优异，但并非所有学校都像图 3－9 中的学校那样做到数据披露的高度严谨与信息完整。在广告底部清晰列出的教育与“学科分流”（商科、理科、文科），

① 刊登这种全国性广告的学校通常是采取寄宿制的英语授课学校。
② 然而，一个家里有有线电视的朋友告诉我，有些孩子一定会因为有好成绩在电视上被展示照片而感到自豪。

昭示着社会对教育分流的认知框架。值得注意的是，十年级考试成绩的重要性并不亚于应届毕业的十二年级的升学成绩，此种价值判断通过醒目的“十一年级招生启动”公告得以具象化。毕竟，十一年级的入学资格主要取决于十年级的终考成绩。广告文本以全英文宣称“零不及格率”，丝毫没有融入印地语元素。

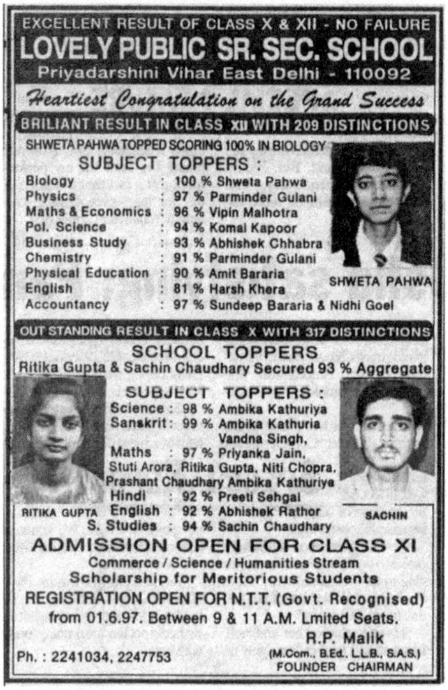

Figure 13. Advertisement for a school in Delhi in a locally distributed national daily; from *Indian Express*, Lucknow (8 June 1997).

图 3－9 当地发行的全国性日报上德里一所学校的广告

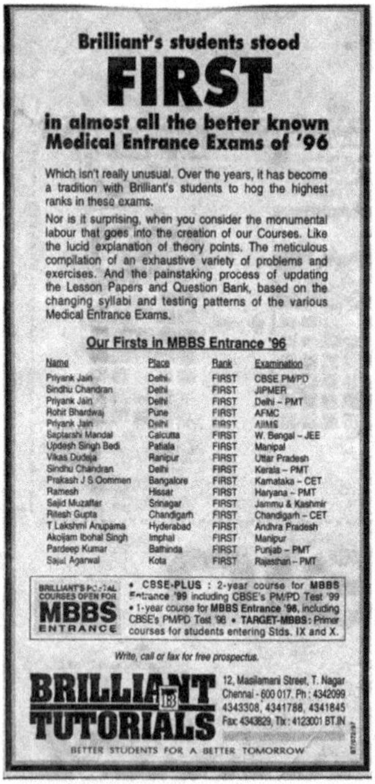

Figure 14. Advertisement for a tutorial service in a locally distributed national daily; from *Indian Express*, Lucknow (8 June 1997).

图 3－10 当地发行的全国性日报上的补习机构广告

在补习机构的广告中，很明显的一点是，全国各地的教育委员会层出不穷，令人眼花缭乱。图 3－10 是一则典型的补习机构广告，该补习机构帮助学生进入以医学为重点的大学。它强调其学生取得的成功。“第一”是广告中最夺人眼球的词，在优秀学生名单前有对成功的解释。正是补习机构做出的“巨大努力”，才使学生们能够“名列前茅”。与广告讨论最相关的内容在下一章中提及，其中列举了医学入学考试中的“佼佼者们”，他们与所在的城市、补习机构有密切联系。最常见的城市是德里，但也有其他城市，因此这则广告具有全国吸引力。给排名进行分类是多此一举的，但这种冗余作为一种广告工具是有效的：所有学生都排名“第一”。最后一栏将地址转换为补习机构的习惯用语，为每个学生指定考试委员会。如在图 3－9 中，不止一个委员会被提到，但图 3－10 中的委员会已经失去了当地竞争力，它们的出现是为了更能证明辅导服务能够给学生带来成功。各邦委员会和私立学校的委员会没有任何对比的标准，完全混合在一起。

虽然列出了许多地方和考试的名称，但列表中还是先提到了中等教育中央委员会。人们不能把取得第一的成绩归因于这名学生来自印度首都的家庭，因为很多参加其他考试的学生都来自德里。方框中首先出现的也是中等教育中央委员会，其在优秀学生列表下面又出现了一次。这是广告文案中唯一提到的委员会。由此可看出中等教育中央委员会在全国范围内的受欢迎程度，所以在瓦拉纳西，学校声称隶属于委员会经常被认为是虚假的，也就不足为奇了。

尽管在国家教育身份层面上，中等教育中央委员会尤其受到重视，但它只是众多委员会中的一个。图 3－10 中的广告提到，优秀的补习机构之所以办得如此成功，其中一个原因是与考试委员会之间缺乏一致性有关，即补习机构根据各种医学入学考试不断变化的教学大纲和考试模式，费尽心思地更新课程作业和题库。在这里，广告将国家的教育委员会描绘成一个杂乱无章的群体，需要补习机构提供多样化知识。与图 3－8 中描述的广告最为不同的是，图 3－10 不包含印地语。如图 3－9 所示，英语是唯一的广告语言。图 3－9 来自德里，图 3－10 来自印度南部的金奈。学校和补习机构的广告从很多方面来看，都超出了当地的地域限制，但方式各不相同。如果一个人就读于图 3－9 所示的学校，他可能会在印地语方面表现出色，但印地语只是委员会框架内的许多必考科目之一。英语是实现成功的必学语言，这一点毋庸置疑。补习也是如此。学校是一个国家（语言）范围内的地方机构，而补习机构只是适应不同的考试要求。两者都通过英语制定了推销策略；在这些宣传中，不可能出现如图 3－8 所示的竞争对话。

结　语

在瓦拉纳西，不论是通过口头话语还是印刷广告，关于学校的语言活动都需要为语言多样性与语言价值关系构建提供不同的可能性。就口头话语而言，可以将印地语授课学校和英语授课学校的多重结构作为中心性和边缘性的指标。就经济机会而言，英语授课学校为瓦拉纳西人提供了进入中心的渠道，而印地语授课由于缺乏可能性而处于边缘。就民族主义而言，印地语授课学校将瓦拉纳西置于中心位置，而英语授课学校暗示了一种疑似缺乏爱国主义的边缘立场。一般来说，在口语话语中，印地语授课学校和英语授课学校以一种矛盾的方式被区分，它们产生的差异违背了统一的等级原则。

在印刷广告中，英语和英语授课学校的中心地位更为确定。为了解释是什么使英语成为广告中的决定性指标，我们必须认识到原因不仅是语言本身的差异，文字差异也很重要，它与语言差异浑然一体，形成了一种中心和边缘的指标性规约。报纸上的学校广告存在着这样一种符号机制：对语言/书写组合唯一可能性（英语/罗马字母）准则的恪守或背离，形塑了元语言判断（metalinguistic judgment）的指标基础，即何为“中心”、何为“边缘”。一直以来，只要浏览一下报纸，就能发现补习机构的广告刊登在报纸上的中心版面，这证实了报纸上只存在用罗马字母书写的英语，而行走在城镇中，人们会发现其他不同的语言和文字系统组合。学校和补习机构的广告为瓦拉纳西读报的居民提供了清楚明确的信息：其他地方的英语是纯正的英语，不掺杂任何印地语，而瓦拉纳西作为一个整体隶属于这些地方，正是因为在瓦拉纳西，语言及其机构是多元且存在竞争的。如果一个人想在拥有更完善通信基础设施的遥远大城市中寻求就业机会，那么掌握用罗马字母书写的英语似乎是很有必要的。在那些遥远的地方，印地语在报纸上的广告中无迹可寻。

第四章　另一种声音：质疑授课语言差异的必然性

在说印地语的北印度，学校的授课语言已成为身份认同的一个重要标志。人们利用印地语授课学校和英语授课学校之间的区别来构建各种各样的社会实体和关系：自己、他人、瓦拉纳西在印度的地位，以及印度在其他国家中的地位。虽然从学校角度来看，印地语和英语的口语使用价值差别很大，但我在田野调查中遇到的每个人几乎都将授课语言差异视为一种二元对立框架。本章探讨的个案是一名公立印地语授课学校的生物老师，她将授课语言教学的概念复杂化，以质疑授课语言差异的必然性的方式对教学进行了反思。

为了解释这位老师是如何质疑印地语授课和英语授课之间的差异的，本章偏离了迄今为止的讨论倾向，会注意身份类别在不同互动时刻的分布情况，而且侧重于在特定和延伸的互动时刻中出现的身份类别。① 为了探索生物老师是如何质疑授课语言差异的必然性的，本章引用了巴赫金关于声音的观点。巴赫金对那种只记录身份标签的使用，并通过归类其出现场合来解释身份话语的研究方法深感不满。在身份标签与其话语实践之间，巴赫金以“声音”这一概念作为中介。巴赫金关于“声音”的表述是身份标签概念及其在话语中使用的中介。受到巴赫金关于声音论述启发的学者们指出，说话者总是从他人那里“借用”（Hanks，1996）或“租用”（Wortham，2003a）语言，使得任何话语实践都必然蕴含多种声音的对话

---

① 例如，斯坦顿·沃瑟姆（Stanton Wortham，2003a）指出，琼·拉韦和多萝西·霍兰（Jean Lave and Dorothy Holland，2001）很好地描述了身份会随时间“增厚”，但没有具体说明身份如何在话语互动中“增厚”。

关系（Bakhtin，1981：279）。

“借用”“租用”等具有债务感的词语能很好地说明声音的意义，即它并不意味着任何一个人都可以随时随地使用语言。詹姆斯·柯林斯和理查德·布洛特（James Collins and Richard Blot，2003：106）认同巴赫金关于声音的主张，写道：“强调话语和流动身份建构的人，与强调社会和身份限制的人之间的争论不必两极分化。”巴赫金（1984）所主张的声音的核心特征是，并非所有语言都能轻而易举地适用于其他语言。“单一”声音迫使其使用者采取特定的观点。巴赫金（1981：276）指出，话语动态能在独白式发声中起作用，尽管可能很难被发现：“没有人会阻止或反驳这个词的使用。”关于这种话语动态，韦伯·基恩（Webb Keane，2001：270）写道：“以单一或独白的方式说话实为政治运作的产物，而非自然或中立的常态。”例如，当人们谈到母语或国语的价值时，那种掷地有声的坚定感好像浑然天成，因为他们已经在语言变体方面付出了太多心血。语言一直是反殖民主义和民族主义斗争的核心，斡旋于政治和教育权威领域，可以赋予其说话者更多的优点，甚至是爱国形象。

与此相反，“对话式”发声是指观点之间存在争议的发声。在“对话式”发声中，“单一式”发声并不能考虑说话者表达观点的工具。例如，在本章所举的例子中，母语和国语等概念不足以将学校定义为机构类，也不能使说话者对学校采取典型的立场。巴赫金认为“对话式”发声之所以如此迷人，是因为观点仍然是片面的、不确定的。在我看来，“对话式”发声的重要作用是能够识别巴赫金所说的语言中的“向心力”，这种“向心力”使“单一式”发声成为可能，这样，通过不同声音之间的争论所体现的“离心力”就有可能被识别。

巴赫金（1981：271）写道：“向心力是致力于实现语言和意识形态统一和集中化的力量，它们与社会政治、文化集中化进程密切相关。”到目前为止，本书中提出的授课语言案例证明，向心力在英语授课教育的普及方面一直在发挥作用，并且自 20 世纪 90 年代初自由化加速以来，这种向心力变得更加强大了。语言授课鸿沟之所以被扩大，是因为它将社会和民族归属的众多方面凝聚在了一起，促使人们各就其位（Kroskrity，2001）。

到目前为止的讨论已经证明，不同的人在一定程度上将印地语和英语之间的差异作为对立面，以达到不同的目的（Bucholtz and Hall，2004）。有些人用它来区分城市人口和农村人口；有些人则用它来将自己与周围的其他人区分开；还有一些人用它来揭露接受英语教育的学生的虚伪。所有这些例子都殊途同归地将授课语言差异置于聚光灯下，即人们强制性地把自己塞进所谓社会认可的人的分类里面（Koven，1998：413）。虽然人们在授课语言差异中的角色各不相同，但这种差异可以作为一个共同的框架，用以建立有关国家、世界中心地位和边缘地位的形象，并且这种差异可以在个人的谈吐中反映其语言实践方式和教育背景（Mendoza-Denton，2002）。

然而，当我们假设印地语和英语的意识形态突显时，巴赫金的离心力概念促使我发出这样的疑问：是否所有人都以同样的方式看待“授课方式”？在1996—1997年的田野调查中，我遇到了马杜·卡特里（Madhu Khatri）。基于她的求学经历，她能够以这样一种方式影响声音，以便她能凸显授课方式的单一性。为了探讨这种动态，本章摘录了我与她的访谈内容。在访谈过程中，她讲述了自己从求学经历中汲取的多种声音，从而形成了复杂的“与语言有关的身份”（Goffman，1981）。[①] 本章探讨她如何使用话语工具来呈现这样的声音，以从根本上重新定义影响授课语言的重要因素。她首先使用父母的声音，创造了授课语言的学校差异的形象，就像向心力所解释的那样。也就是说，她首先提出的学校教育理念与本书提出的理念如出一辙。印地语和英语之间的区别构成了学校之间的差异，以及相关人员之间的差异。然而，当她把目前在课堂上遇到的困难与学生时代的轻松相比时，她第一次上课时的授课语言就显得没那么重要了。最后，她的声音来自另一种制度经验，即她作为一名老师在课堂上参与的日常互动。授课语言差异带来的不同安排和后果完全不同于那些由向心力带来的安排和后果。

通过探讨由印地语授课和英语授课之间的差异所产生的声音动态机制，本章将两者之间剪不断理还乱的关系情景化。德布拉·斯皮陶尼克

---

① 参见威尔瑟（Wilce，1998a：249）在孟加拉国开展民族志工作中使用这一概念的方法，以及威尔瑟（1998 b：34－43）将声音这一概念应用于南亚的相关研究。

（Debra Spitulnik，1998：165）指出："直到最近，学者们才将目光聚焦在整体意识形态和机构方面，更加密切地关注机构内部的具体实践如何为不同的语言及其使用方式赋予价值。"本章重点突出一些人用来质疑机构组织的必然性的方式。从对话的角度来看，印度社会的向心力已经把印地语授课学校和英语授课学校聚集在一起，形成了一种对立关系。与此同时，学校也让一些人参与实践，允许他们在相互排斥的语言制度二分法上施加离心力。

离心力的话语证据：授课语言的可塑性

本章的大部分访谈内容都来源于1997年6月22日下午我对卡特里夫人的采访。那时，她来看望病得很重的妹妹（我的女房东），在这里待了几个星期。她家在雷瓦（Rewa），是邻近中央邦的一个小镇，到妹妹家需要坐八个小时的大巴，一路向北行驶。她的两个侄女（我的女房东的女儿们）告诉我，她是一名生物老师。当她听说我在做这些学校的调研时，她的好奇心顿起。虽然她的大部分注意力都集中在照顾妹妹和陪妹妹去看医生上，但有一天下午，她的侄女告诉我，她想和我谈谈学校教育。

卡特里夫人首先介绍了自己，她在一所印地语授课学校任教了18年，这是一所专注于大学预科教育最后两个年级（十一年级和十二年级）的学校。她花了几分钟谈论自己的教育经历，并解释说，在进入公立印地语授课学校后，她获得了生物学学士学位（理学学士学位），然后获得了同一专业的理学硕士学位。之所以获得这么多学位，是因为她对生物学有兴趣或热情。紧接着，她又谈到了在申请"服务类"或政府工作岗位时拥有学历证书的必要性。于是，她兜了一圈又回到原来的话题，描述了现在担任公立学校老师的要求。

如果说迄今为止书中提到的关于授课语言的论点可以证明向心力在讲印地语的北印度社会中发挥了作用，那么卡特里夫人的访谈则说明有人打破了语言与授课方式之间的联系。在访谈的过程中，有两个时刻（中间相隔约两分钟），卡特里夫人与前来沏茶的一位侄女交谈。这两个时刻将声音问题引到了人们以话语方式参与社会建构的方式上。阿西夫·阿迦（2005：39）指出："声音的类型化（无论是'个人'声音还是'社会'声音）是以发声对比的可感知性，或者一种声音与另一种声音的可区分性为前提的。"阿迦解释说，使声音问题更加复杂的是，参与者可以使用不同的符号模式来表达声音。例如，人们可能会描述另一个人的主张，或者表明他们正在重塑这些主张。为了理解卡特里夫人是如何在下文所述的第一个和第二个时刻之间的过渡中重新思考学校教育问题的，我们必须考虑声音和模式之间的对比。例如，卡特里夫人运用截然不同的社会身份（父母 vs 老师），包含不同的角色（父子 vs 师生），差异化地生动呈现角色及其观点（直接引用卡特里夫人的描述），差异化地定位所描述的场景（当前 vs 过去），并且聚焦存在不同问题的两个时刻（语言授课方式 vs 专业词语）。

卡特里夫人凭借丰富的育儿经验和教学实践，在生命中的不同时期发出了不同的声音：一种是现在的声音，另一种是过去的声音。这对应了本书提到的访谈中的两个时刻。在第一个时刻，"声音对比"表达了对授课语言问题的处理方法。在第二个时刻，"声音对比"从根本上解决了她在第一个时刻所引用的语言和授课语言问题。在对话的第二个时刻，老师和学生的声音不太可能出现在之前书里提到的人们的对话中，因为他们并不具备卡特里夫人那样的教学实践。简言之，学校教育体制为离心力提供了可能，使人们能在访谈情境中质疑其他人理所当然地采用印地语授课和英语授课划分学校的方法。

我们现在要讨论的是第一个时刻，在这一时刻，印地语授课和英语授课的差异不仅为人们所熟悉，而且还通过类似表演的方式跃然纸上。

采访节选一："嘿，这些无用武之地"

1. 是的。而且，我听说，去这些英语授课学校上学是一种热潮

2. 或者时尚

3. 是的，我说的正是如此，不是吗？

4. 这是一种热潮，还孕育出了情结

5. 那些学习英语的学生

6. 完全能够理解接受印地语授课的学生

7. 嘿，这些无用武之地

8. 他们的家长也忽视了一点

9. “这些是接受印地语授课的学生。”

10. 我们在日常生活中常会听到这样的说法：

11. “嘿，这些孩子上的是印地语学校。”

卡特里夫人创造出一种世界观，在这一世界观中，每个人都对授课语言为印地语的学校的儿童嗤之以鼻。为了理解她创造该世界观的方式，我们有必要在互动研究中介绍一些开创性的观点及其在互动研究中的反响。这样的研究让我认识到自我和他人的代表性是多元化的，并且在互动过程中动态生成。朱迪思·欧文（Judith Irvine，1996：131）在讨论欧文·戈夫曼（Erving Goffman）的作品时，将注意力集中在了揭露“一位匿名演讲者将一个孤立的句子抛给了一位更匿名的听者，而听者据说接住了这个句子”的不足之处。戈夫曼（1981）通过提出多个互动角色可能在话语中起到的作用，使发言者的概念变得复杂。例如，他注意到发表言论的参与者和对话语所代表的负责的一方之间有一个区别，无论这一方是否存在。人们也可能认定创造话语的一方扮演了不同的角色。这些区别可能会影响参与者扮演社会角色的方式（Agha，2007：165）。[①]声音这一概念使我们能够理解多种方式，如“说话者参与社会分类和评价的显性和隐性形式，将意向性、情感、知识、代理权归于自己和他人，并对特定的社会或道德身份提出主张”（Jaffe，2009：9）。

例如，夏斯特里教授和阿格瓦尔教授在第一章中分别描述了英语授课学生和印地语授课学生的“狂热”和“情结”，而卡特里夫人则能够给人带来一种印象，即不同类型的人都认为印地语授课学生有这种情结。她能自创出“不同类型的人”这样的言论，就好像她不属于这个群

① 例如，在本章提供的采访节选的第3行中，卡特里夫人明确指出：由于我在第1~2行转述时的表述，我未能真正理解她作为一位已然成熟的校长这一身份。

体一样。为了做到这一点，卡特里夫人暂时脱离了“作者”的角色。米歇尔·科文（Michèle Koven，2002：178）解释道：“这表明了她自己作为作者和她自己作为叙述主角之间的连续性。”例如，在第一章，夏斯特里教授和阿格瓦尔教授扮演了“作者”的角色，从而证明他们自己的英语能力，以及他们对进入英语教学环境的讲印地语的学生所遭遇的“情结”的了解。同时，“作者”这一角色能让他们与他们所描述的其他人之间保持差异。在接受采访之前，卡特里夫人扮演了同一个角色，也就是“作者”，叙述了她自己上学和从事老师这个新兴职业的种种经历。

然而，在第 3 到第 11 行中，卡特里夫人扮演着科文提出的“角色”，说起话来像是另外一个人，“重演他们所谓的思想、言论和其他行为”（2002：188）。对于扮演角色来说，引用是一种特别有效的工具。因为“直接引用使转述引语生成为固定和真实的实体，明显地脱离转述语境”（Lee，1997：279）。玛格丽特·特拉威克（Margaret Trawick）引用边界这一概念，以便将转述引语与其他不同语态的使用联系起来。科文（1988：202）把这称为“角色”：“在某种程度上，作者将自己的语态与角色的语态隔开，从而产生‘坚定而快速的边界’，并把转述引语从其嵌入的上下文中划分出来。随着距离的缩短，这种边界会消失。”卡特里夫人会依次使用不同的语态，先是作为接受英语授课的儿童（第 7 行），然后作为接受印地语授课的儿童（第 9 行）的父母，最后是作为家人（第 11 行）。

卡特里夫人的话语中有几个特征有助于她的角色转变。卡特里夫人以班杰明·李（Benjamin Lee，1997）描述的方式呈现不同角色的视角。首先，一个动词框定了所代表的话语。其次，“嘿”这个助词表示引起另一个人的注意（从另一个人的角度来看，这不太像是卡特里夫人的性格）——进一步拉近了引用的话语与老师的说话立场之间的距离（Urban，1989）。最后，间接引语中的参考指标是从角色而非当前说话者的角度出发的。关于最后一点，请注意，在不断变化的代表人物中，对接受印地语授课的儿童的称呼方式是如何保持不变的，所有这些都是以第三人称复数的近义词来完成的。接受印地语授课的学生在经验上与所有展现的人物相近。这拉近了老师在嵌入式话语中的声音（那些学习英语的学生完全能够理解以印地语为母语的学生）与引用其他人物的声音（嘿，这些无用武之地）之间的距离。①

在卡特里夫人话语中，作者与角色之间的界限能突显说话者的视角变化。转述引语第一次出现在英语授课学校的学生口中。根据授课语言的差异，这些被引用的字符与卡特里夫人描述的不同，因为卡特里夫人在印地语授课学校里教学。第二次出自印地语授课学生的家长口中，卡特里夫人亦属于这个群体。最后一次出自卡特里夫人的说话视角中，通过第一人称复数“我们”明确表达。卡特里夫人首先介绍外人的对话，然后介绍在她家里发生的对话。卡特里夫人同样从介绍英语授课学校学生的对话开始，这些学生不住在她家，她既不教也不养。接着她谈到了英语授课学校学生的家长，并以扮演家里人结束。在第三段引语中，教师自己的家庭成员也说了这句话。② 第三句引语是中性的（嘿，这些孩子上的是印地语学校）。然而，与第一句引语（嘿，这些无用武之地）和第二个动词（忽视）相比，第三句引语仅仅暗示学生在印地语授课学校学习本身就是一种贬低。这些贬低性的转述语逐渐“内化”，而卡特里夫人通过多重角色身份所发起的同类转述更使这种贬低显得无可避免。

卡特里夫人的话语证明说话者可以通过角色的转变来演绎其他人物：“以与对话者风格形成对比的方式说话，人物可以如其他人设想的那样栩栩如生。”（Koven，2004：484）卡特里夫人对各种类型的人的话语的表现其实并不代表她自己在授课语言差异上的立场，在之后的节选中，这一点已经变得明显。作为一名“作者”，卡特里夫人透露，她本人并不认同“接受印地语授课的学生无用武之地”这一说法：“说接受印地语授课的学生乏味是不对的，他们其实很优秀。”相较于提供一个表达她自己观点

① 汉克斯（Hanks，2005）提出的“指示词必须被视为具有符号学复杂性和多功能性”的论断，在此处显得尤为重要。

② 当然，我们先前说的话也以对话的方式参与其中。请注意老师在第 3 行所说的“是的，我说的正是如此，不是吗？”在第 1、2 行中，我毫无保留地转述了自己的听闻；而在第 3 行，老师却促使我意识到——她已然解构了我作为转述者的立场。我的核心论点是：第 5~11 行呈现的对话性具有独特属性，它是在老师主导的话语中动态生成的。

的平台，卡特里夫人表现出了一种普遍的克制，普遍到以至于她有可能在自己的家中说出这种观点。

表 4-1　卡特里夫人的角色部署（贬义部分以斜体显示）

	角　色	动词	引 用 话 语
第 5~7 行	以英语为母语的学生	理解	*“嘿，这些无用武之地”*
第 8~9 行	以印地语为母语的学生	*忽略*	“这些是接受印地语授课的学生”
第 10~11 行	*我们*	看	“嘿，这些孩子上的是印地语学校。”

在下一段节选中，卡特里夫人提及了一组不同的人物，并让他们参与到“作者”和“角色”两个不同的角色构造中，至此我们才能充分理解卡特里夫人将角色赋予声音的意义。这样一来，卡特里夫人就能颠覆她之前描述的角色所体现的必然性。

我的女房东的女儿，也就是卡特里夫人的侄女，进来给我们倒了茶，大约两分钟后离开了房间。我和卡特里夫人又继续我们的谈话。

采访节选二：“那它真的是很棒”

12. 现在，我们的学校是印地语授课学校
13. 所以我们用印地语来描述一切……
14. 此外，当我们学习时
15. 那时。我们感觉把印地语作为授课语言真的是一件很好的事情
16. 但是理学学士和理学硕士的书都是用英文写的
17. 并且我们既可以写，也可以做
18. 英语是我们的授课语言

与节选一相比，节选二更引人入胜的是，卡特里夫人将动作置于时间框架之中。实际上，她的第一个词就是时间标记词“现在”。相比之下，在第一个角色中，所有行为都发生在现在，过去只是为了建立当下的存在

感。在第一次转折中，引用的语句为卡特里夫人提供了建立视角的工具，而在这个转折中，现在和过去的对比框架改变了视角。她在第 12 行以“现在”开始，但没有用动词完成她的话语。在第 14 行，她又开始了，但这次是过去时。只有到了晚些时候才会显现出时态转换的重要性，因为它是卡特里夫人的话语中重要的一部分。

卡特里夫人在第 14 行突然使用“此外”一词重构了她的论述，从而呈现出一种不可能在节选一中出现的情况。在现在看来，不可思议的事情——在印地语授课学校学习其实是不错的——在过去却并不起眼。她声称，当她还是一名讲印地语的学生时，她使用的书籍包含英语。此外，她还精通英语。这两句话都打破了卡特里夫人在节选一中所描述的各种语言归属之间的明显差异。我们无法确定她会以何种方式结束这段话，但可以肯定的是，第 14~18 行确定了语言和机制在过去互相渗透，而第 12、13 行反映了卡特里夫人在节选一中对“现在”提到的界限。

卡特里夫人突然从“过去”转到“现在”，而且她会保持这个语态直到以下节选结束。

19. 现在的印地语太纯正了
20. 没有人理解
21. 现在的学生喜欢它
22. 如果我们说英语的话，他们就会理解不了
23. 因为现在市面上的书都（用的）是纯印地语
24. 所以他们真的偏向印地语
25. 他们害怕“英语会很难的，英语会很难的”
26. 直到他们理解这一点。“英文更加简单，
27. 任何一件事只对应一个单词，
28. 印地语则有十个单词。”
29. 但是这些学生并不理解
30. 他们会认为，“如果老师用的是英语单词
31. 那一定很难。”

随着从“过去”到“现在”的转变，卡特里夫人设法找出了造成自己

作为学生时与现在的学生之间的差异的罪魁祸首（见图 4－1）。随着第 19 行回到“现在”，卡特里夫人引入了一个新元素，“现在的印地语太纯正了”。卡特里夫人没有区分印地语和乌尔都语，也没有指出印度教和伊斯兰教之间的区别。

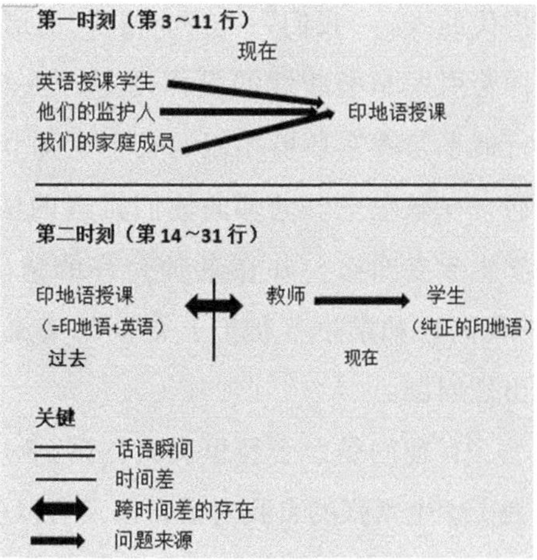

图 4－1　卡特里夫人对“复杂性”和授课语言的重构

相反，在第 23 行，卡特里夫人明确表示她所谈论的是一种更特殊的、受制度约束的类型，即教科书中的印地语。她使用的术语也发生了变化。术语的转变反映了从梵文、印地语到学校使用的多样性语言的转变。纯正的印地语是指由印度政府科学和技术术语委员会编制的包含超过 30 万个术语的词典（Krishnamurti，1979）。学界对印度政府构建印地语科学术语体系的动机存在互补性解读：一方面，政府需要一种能够在科学领域匹配英语的本土语言（C. J. Daswani，1989）；另一方面，政府希望开发一种技术语言来抵御英语的影响（S. N. Sridhar，1987）。

除了反映她从谈论梵文化的印地语到被开发用于学校课本（或其他科学工作）中的印地语，卡特里夫人对英语的使用似乎恰好证实了她之前的说法，即她就读于一所印地语授课学校，但也使用英语的情况。她在第 22～30 行都强化了这一概念。术语的转换反映了她的一种转变，即从现今在印地语授课学校学习的学生的角度，而不是从她上学时在印地语授课学校学习的学生的角度来说话。

卡特里夫人的关注点从印地语和英语授课的区别，转移到了印地语教学课堂上口语练习时的语言归属问题上。语言的差异将讲英语的老师（我们）和喜欢讲“纯正的”印地语的学生（他们）区分开来。在第 12～24 行中，卡特里夫人一直扮演着“作者”的角色。换句话说，卡特里夫人目前所说的自我，是她用“我们”指代的人，现在的学生则是她用“他们”

指代的人。“我们”与“他们”的语言偏好被禁锢在不成功的沟通中，这样会引发非指涉性的发声动态。虽然卡特里夫人没有明说，但第 21～31 行似乎与教室环境相似，其中老师和学生之间的互动是经过精心策划的。通常在教室里，老师向他们挑选的学生提问，或向那些举手的学生提问。学生起立回答，并在老师允许的情况下坐下。卡特里夫人解释说，老师（我们）和学生（他们）之间的交流可能会因为偏爱印地语和害怕英语而出现问题。

有趣的是，卡特里夫人在第 25～28 行又继续扮演“角色”，反过来代表了学生紧张的自我对话，以及可以缓解这种恐惧的信息。卡特里夫人以很快的速度说道：“英语会很难的，英语会很难的。”重复出现的短语具象化了印地语授课学校的“情结”。但是，这里的“情结”是印地语本身，而不是如第一章描述的那样，由一个陌生的和令人恐惧的英语语言环境所导致的。在进入角色扮演，即展现一个接受印地语授课但在面对英语单词时会感到紧张的学生之后，卡特里夫人通过再次将学生称为“他们”，直截了当地跳出了第 26 行的角色。然而，她所介入的角色是模糊的，以至于人们会想知道谁能解释第 26～28 行的陈述：“英文更加简单，任何一件事只对应一个单词，印地语则有十个单词。”

尽管她在采访中从未提及这个术语，但这位教师的论述对母语这一概念同样产生了影响。人们很难想象以前经常使用英语单词的学校可以与母语联系起来。母语这一概念似乎预先假定授课语言鸿沟是存在的。在她的叙述中，由纯正印地语或标准印地语所代表的母语，要么呈现为疏离性的存在，要么表现为人为建构的产物。当老师回溯过往时，其话语中根本不存在“母语象征自豪感”或“对抗英语的‘我们’认同”这类常见叙事。

卡特里夫人通过多元化的学校教育，对“过去”和“现在”进行了不同的描述。印度政府的经济自由化政策促进了以英语为授课语言的学校教育的发展。从关注作为语言机构的语言教学学校，到关注课堂上使用的语言，卡特里夫人扮演了不同的角色，再到将自己作为学生和老师的经历融入体制中，这一转变使她的话语发生了根本性的转变。一方面，政府不断变化的经济政策重塑了卡特里夫人（及其子女）的社会地位，这与英语教育及她在课堂上使用的语言息息相关；另一方面，学校让卡特里夫人参与了一系列实践活动——从听到有关印地语授课的负面消息到参与课堂互动的日常活动。

我们必须谨防将卡特里夫人的言论理解为对学校教育或政府政策的直接“抵制”，或将她对“过去”的描述理解为民族主义情绪（Ahearn，2001）。许多印地语授课学校的老师向我表达了他们对政府设计并推广的陌生教学语言的挫败感，并怀念自己学生时代的语言环境。他们并非通过语言使用来建立某种语言与国家（或国际）情感之间的对应关系，而仅仅是追忆过去不同的语言现实。若我们仔细审视卡特里夫人从第 26 行开始的、针对师生僵局的“解决方案”的话语细节，就能避免将她的立场简单归类为抵抗。从第 26 行开始，我们可以仔细观察卡特里夫人是如何解决这一问题的，她并不是以“作者”的角色进行陈述。在这些陈述中，人称都是“我们”和“他们”，在第 25、30 和 31 行中从学生的角度陈述，而卡特里夫人在第 26 行中的陈述仅停留在“这一点”。与上下对话形成鲜明对比的是：作者的身份是模糊的，传达的信息与教育政策相矛盾。一种可能是，这种无作者的表述非常像一堂课——教师可以轻松传授，但由于纯正的印地语的盛行和学生对英语的恐惧，学生难以掌握。

我还要强调的是，我并不认为像卡特里夫人这样的老师因为在教育机构工作，就能比其他人更了解教育政策的历史。事实上，当我向卡特里夫人询问在课堂上引入纯正的印地语这一问题时，她回答道：

32. 我不知道他们是从哪里找到的，

33. 也许他们是在梵文词典里找到的，也许是在印地语词典里找到的，

34. 反正他们搜索了，也找到了，

35. 天知道他们是怎么找到的，他们都是很难对付的人。

相反，争论的焦点是卡特里夫人所处的位置，无论是在以语言为基础的学校，还是在她曾经是学生和老师的课堂上，这个位置已经发生了根本性的改变，并塑造了她对现在与过去之间关系的看法。简言之，通过分析我们对话中出现的现在与过去的关系，可以发现她的生活与其他人的生活出现了视差。这既是因为随着社会历史的变迁，印地语和英语之间的鸿沟

日益凸显，也是因为在社会历史变迁期间，机构中的人与卡特里夫人的经历之间的差异。卡特里夫人能够重构教学语言鸿沟与个体认知之间的关系（这种鸿沟在想象自我与他人的过去、现在与未来时具有特定效用），恰恰印证了巴赫金的观点，即向心力从来都不是绝对性的。

结　语

在瓦拉纳西，向心力一直在发挥作用，使得一种特殊的学校教育观点流传甚广。语言差异被用以区分学校。这是一个值得关注的问题，因为当人们反思社会时，学校及其语言授课差异早已与政治经济差异、国情，以及学生、家庭和雇员的态度联系在一起。前面的章节展示了语言授课差异在瓦拉纳西人的生活中产生复杂共鸣的一些方式。印地语和英语本身所能代表的内容会随着它们与其他区别（如农村和城市、国家和国际、中心和边缘）的联系而发生变化。尽管有这种能力，但印地语和英语之间的区别仍然保持不变。按照巴赫金的说法，独白式声音依赖于将机构、语言与个体纳入同一秩序结构的向心力。这种机制不仅使三者的同构化成为可能，更创造出一个可操作的比较系统——任一要素都能与其对立教育体系中的对应特征形成可比性。

在卡特里夫人的采访中，一个很有意思的点是，她能在某个瞬间呈现出与他人如出一辙的独白式声音。实际上，卡特里夫人引用了其他人的观点，从而产生了一个特别完整的场景，在这个场景中，各种语态相互呼应。似乎每个人都准备抨击接受印地语授课的学生，甚至这些学生的家长也不例外。但这些抨击的声音并没有穷尽她反思学校教育和语言的维度。通过回想她作为学生的日子，她并没有想当然地将语言差异与语言授课差异结合起来。这种声音虽源自她早期的人生经历，却在访谈后期才逐渐浮现。我们难以解释这种声音从何而来。离心力似乎并非来自单一源头，而是产生于卡特里夫人独特的教育经历（多数人无法企及）与其在话语实践中运用声音的交汇处。卡特里夫人似乎借用了课堂上的常规对话来重塑印地语授课学生面临困难的根源所在。面对这些困难，卡特里夫人以自己的学生时代为例，表示在那个时代，语言的存在与否并不能成为划分一所学校采用哪种授课语言的依据。

新出现的语态组合——今天课堂上学生和老师的语态，与卡特里夫人及其学生时代的语态——同卡特里夫人早先对印地语授课学生的总体描绘形成了鲜明对比，因为她在说话的自我和她所塑造的角色之间形成了不同的一致性。语态的变化与学校教育（和语言）问题的变化不谋而合。虽然早些时候，“印地语授课学生”这一称谓会引起众人的嘲笑，但后来，印地语受到了学生的欢迎。随着这种转变，卡特里夫人重新界定了授课语言差异的重要性维度——在充分展示其看似必然的对立特性后，她将关注焦点从授课方式转向语言，并在课堂上进行互动。

第五章　课堂内外：聚焦英语

本书第四章讨论了有人破坏印地语授课学校和英语授课学校之间划分基础的例子。本章则从下层阶级的视角，探讨语言和授课语言的划分是否考虑到了语言在课堂内的使用价值，以及语言在课堂外的应用价值。不管是私立的西克莱斯特学校的英语课，还是政府公办的萨拉斯瓦蒂学校的印地语课，老师和学生之间的互动教学方式是相同的。西克莱斯特学校和萨拉斯瓦蒂学校的课堂互动明显反映了语言授课差异：前者使用英语，后者使用印地语，可是老师和学生之间的互动方式还是惊人地相似。然而，在萨拉斯瓦蒂学校的英语课上，老师使用印地语来构建互动，并讲解课本中的英语段落。

这些课堂教学都反映了 J. 基思·奇克（J. Keith Chick）所说的“安全对话”的特点。安全对话指的是学生和老师在互动过程中相互合作，从而使用一种他们并不熟悉的语言来进行学习交流。安全对话经常被诟病为“死记硬背”和“以老师为中心的教学”，因为在这种课堂活动中，学生几乎不主动发起互动，更不用说主动引入新话题，他们只是回答一些老师事先设计好的问题，以避免进一步沟通。①

在奇克安全对话理论的引导下，学者们（Hornberger and Chick，2001；Arthur，2001）认为，“安全交谈”的结构性因素实为后殖民世界普遍存在的社会语言学与制度条件之根基。“此种特殊互动方式的形成，源于老师对双重困境的妥协——既要应对前殖民语言（与学习者在校外的经验严

① 奇克（1996：24－29）认为，安全对话并不代表祖鲁人的互动风格，而是“一种避免种族隔离意识形态和结构性压迫的手段”。老师和学生“通过掩盖很少或根本没有学习的事实，来维护他们的尊严”。

重脱节）作为主要教学语言的挑战，又须克服班级规模过大、学校管理专制化、教育资源不足等结构性难题。”（Heller and Martin-Jones，2001：13）① 安全对话虽能提供保全颜面的动机，带来目标感与成就感，但同时也需付出高昂的代价（Hornberger and Chick，2001：52）。

安全对话是一种十分有用的架构，它将课堂实践与课堂外的语言意识形态联系了起来。不管是安全对话的观点，还是人们对课堂活动和语言教学的看法都认为，在印地语授课学校的英语课上，老师和学生都表现出了一种特别强烈的目的性，想要掩盖所缺的英语知识。但是安全对话是否同样反映了人们在课堂之外对英语的看法呢？本章把下层阶级作为研究对象，探究英语在他们眼中的重要程度，从而来研究安全对话这一理论是否能全面地体现英语的价值。研究表明，英语对人们的某种价值是授课语言所无法预料的。就像一些精英阶层不考虑语言和媒介的差异，将其子女送进学校学习某种特定的英语一样，一些下层阶级的人在英语中看到了语言和媒介的差异，及其意识形态基础无法解释的一种价值。对底层民众来说，英语的价值主要体现在他们在校外生活中发现的实际使用方式上。然而，这些被珍视的英语使用方式，竟与印地语授课学校的老师在课堂上运用英语的模式惊人地相似。这一发展态势既超出了安全对话的理论预期，也被印度北部关于授课语言的意识形态遮蔽或公然谴责。

走进课堂：不同授课语言下的课堂互动

在早期的实地考察中，我发现萨拉斯瓦蒂学校和西克莱斯特学校的课堂互动中体现了许多学者对于课堂互动的普遍看法。休·米恩（Hugh Mehan，1979）指出，课堂上的常见互动就是，老师发起“引导”，学生作出“回应”，老师最后“评价”。这种课堂流程十分常见，以至于考特尼·卡兹登

① 亚瑟（Arthur，2001：73）补充道：“老师主导的常规教学行为与英语教学的内在话语规则相结合，最有力地抑制了老师和学生追求更具挑战性和文化一致性学习的尝试。事实上，学生无法对课程进行有意义的、批判性的参与。”

（Courtney Cazden，2001）称这种互动模式为“传统教学模式”。[①] 我认为，这种模式在九年级以下的较低年级中能得到更好的体现。老师有时在课堂上按座位顺序依次向学生提问，而问的问题通常都能在书本上找到。如果学生回答不上来，老师就会问别人。有时，老师会训斥学生。如果学生能回答，老师也会对学生的回答进行“评价”，有时这种评价会成为下一个问题的基础。有时，老师会批评学生的回答，然后换另一位学生回答；有时老师会承认学生的答案正确，但不会详细说明。在瓦拉纳西的课堂中，米恩所指出的这种课堂流程往往超越了老师能起到的引导作用。通常，当老师选出学生回答问题时，这个学生会站起来，给出答案，或者为回答不出而向老师道歉。在这样的课堂中，学生会一直站着，直到老师提问完所有学生后再让其坐下，然后继续下一轮提问。

案例一：西克莱斯特学校四年级的社会研究课

在这个案例中，我看到了米恩经常提到的这种课堂流程。本案例出自西克莱斯特学校四年级的一节社会研究课。在课上，老师问了学生关于课本上的一些“常识”问题。

> 老师：斯利那加沿着哪条河？
>
> 学生：吉拉姆河。
>
> 老师：吉拉姆河。不丹的首都是哪里？
>
> 学生：廷布。
>
> 老师：你们能告诉我曼谷是哪个国家的首都吗？曼谷。
>
> 学生：泰国。
>
> 老师：泰国，很好。堪培拉是哪儿的首都，谁能告诉我堪培拉是澳大利亚的首都吗？堪培拉是哪个国家的首都？
>
> 学生：澳大利亚。
>
> 老师：德国的首都是哪儿？德国的首都是哪儿？

① 她还指出，米恩的工作不仅确定了基本的 I（发起）、R（响应）和 E（评估）序列，还确定了 T（局部）、R（相关）和 S（集合）。在这些序列中，老师可以扩展基本模式并更广泛地调查学生的基础（Cazden，2001：32）。

学生：柏林。

老师：很好。柏林，柏林。告诉我，世界上最小的鸟是什么鸟？

学生：蜂鸟，蜂鸟。

老师：蜂鸟，蜂鸟是世界上最小的鸟。请说出一种对人类最具破坏性的动物。

学生：【答案各种各样，包括老鼠、蛇和其他听不清的答案】

老师：哪种动物的尸体可以传播疾病？

学生：老鼠。

老师：哪种动物的尸体可以传播瘟疫？

学生：老鼠。

老师：请继续回答，甘地被谁暗杀？

学生：纳图拉姆·戈德森（Nathuram Godse）。

老师：纳图拉姆·戈德森。告诉我，第一个进入太空的印度人是谁？

学生：拉凯什·夏尔马（Rakesh Sharma）。

老师：很好，那印度第一位穆斯林总统呢？谁是印度第一位穆斯林总统？

学生：穆罕默德·阿里·真纳（Muhammad Ali Jinnah）。

老师：不，不，谁是印度第一位穆斯林总统？扎基尔·侯赛因（Zakir Husain）博士。

学生：扎基尔·侯赛因博士。

在这节课中，这位老师从城市问到动物再问到国家领导人，不要求个别学生回答，也不让学生起立，而是向全班提出问题，等待学生回答。如果学生的答案是正确的，他要么不加评论，重复正确答案，转问另一个问题，要么给出积极评价，或直接给出正确答案，并不再重复。老师提问澳大利亚的首都，又自行给出答案，学生们也直接重复了答案。在这个案例中，只有在关于老鼠的那个问题上，老师给出了解释。

案例二：萨沃达亚学校三年级的英语课

另一种在低年级尤其盛行的互动教学模式，就是老师让学生一字不差地重复答案。这种模式类似于案例一中的社会研究课，社会研究课上的学生有时一起重复答案，有时是老师重复学生的答案。本案例中的互动模式与案例一的不同之处在于，老师提出的问题不由特定的学生来回答。这种模式在印度的学校里很有名，瓦伊什在实地考察三年级英语课堂时提供了这样一个案例。阿马尔杰特（Amarjeet）老师在课前向学生们做了简短的说明：

> 阿马尔杰特：我来读，你们听。我会再用印地语讲一遍，好吗？听懂了吗？你们不要回答，听就好了。
>
> 阿马尔杰特：我有。
>
> 全班：我有。
>
> 阿马尔杰特：好消息。
>
> 全班：好消息。
>
> 阿马尔杰特：我有一个好消息。切纳（Cheena）走过来说，“妈妈，妈妈，有个好消息。”“什么好消息呀？”
>
> 全班：是什么呀？
>
> 阿马尔杰特：是什么？
>
> 全班：是什么？
>
> （改编自 Vaish，2008：45）

在这节课上，这位老师会在她想让学生重复的短语后面加以停顿，而全班学生都很乐意这样重复。这些短语都出自当天的阅读材料。老师会解释学生应该做什么，并让学生重复课本内容。与此同时，老师的授课语言在印地语和英语之间来回切换。一旦学生们用英语重复“我有”和“好消息”，老师就会用印地语对这些词进行注释。之后她把那句“切纳走过来说，‘妈妈，妈妈，有个好消息’”翻译成印地语，没有让学生再重复。相反，学生重复的是那句“是什么呀”。同样，老师的授课语言从印地语转变为英语，会提示学生重复老师的话。最后，老师将问题翻译成印地语，让学生重复。在这最后一次互动中，这种教学模式让学生们开口说出的不是课本中的英文句子，而是相对应的印地语。

这位老师最初在课堂上告诉学生们要去听，而不是说。她的意思似乎是让学生重复她所说的话，而不是等着回答问题，因为等着回答问题是引导—回应—评估的教学流程。瓦伊什（2008：46）把这种例行公事式的重复称为“跟读”（chorusing），并解释说：“在以英语为母语的国家，从英语语言教学的角度来看，‘跟读’是毫无意义的，就像念经一样。”她认为这种常规的教学模式与学习《吠陀经》等前殖民时期的教学实践具有连续性。无论这种连续性是否存在，到了四年级，学生重复教师话语的次数都会逐渐减少。

案例三：西克莱斯特学校九年级的英语课

另一种在高年级常见的教学模式逐渐显现：老师会详细讲解当日阅读材料的核心主题。相较于前两个案例，案例三中的老师明显进行了更多的讲解。在完成相当长时间的讲解之后，老师会通过提高音调和音量来提示学生发言。然而，学生发言不是重复老师说的话，而是猜测老师希望他们说什么，并附和老师，一起说出那个单词或短语。这样一来，课堂上大部分时间都是老师在说话，而学生们发言少且简短。

本案例来自1997年初西克莱斯特学校九年级的一节英语课。在这节课中，老师引出了当天的阅读作业——《废弃的农舍》。这是泰德·库泽（Ted Kooser，1939）的一首诗，这首诗经常出现在世界各地学校的英语课本中。

老师：《废弃的农舍》。“废弃的”是什么意思？

学生：被遗弃的。

老师：“被遗弃”是什么意思？意味着什么？

学生：我知道。

老师：等一下，等一下。Abandoned，abandoned是什么意思？就是“被抛弃”的意思。我的意思是，那些你不拜访的朋友，或者……呃……被拒绝的，有一点“被拒绝”的意思。你抛弃了他，你抛弃了你的朋友。你们……你们已经不再说话了。你抛弃了你的朋友。也就是说，你不再和他说话，你已经让他伤心了，你们合不来了。好，那现在如果我说有一栋废弃的房子，没有人住，这栋房子被遗弃了，我的意思是，没有人住在这栋房子里，这就是“被废弃”（abandoned）。还有什么情况下可以使用这个词？他是一个被抛弃的学生，也就是他没有什么朋友，没有人来照顾他，他就是一个被抛弃的学生。还有，废弃的房子，废弃的，呃……废弃的屋子，任何不常使用的东西都可以被称作“废弃的”。如果有间办公室或房间，人们不进去，那就是废弃的。你不再和朋友讲话，不再照顾他了，那这个朋友就是被抛弃了。怎么说呢，就是你们不再是小伙伴了，你们分道扬镳了。另外，你会扔掉你不再［……］的鞋子？

学生：［穿］

老师首先说出课本中的故事标题，并向学生提出一个问题。然而，与四年级那节社会研究课不同的是，这位英语老师并不想要学生作答。相反，她要求回答问题的学生保持沉默，并开始对故事标题中的“废弃的”（abandoned）一词进行详细的解释。在提到“被遗弃的”（left out）和标记性短语“我的意思是”（I mean）后，她就会重复这一句式结构。每句话都以对学生的称呼作为开头，用“你”来举例阐述。之后，老师用“那现在如果我说”（Now if I say）转换视角，将内容切换到故事标题中的另一个单词“农舍”上，通过强调第三人称角度的那句“那就是被废弃的”，将视角从“你”转向“我”。然后，老师转向构建与“我们”的互动，并再次提出一个学生们似乎知道（至少现在知道）他们不应该回答的问题。她重新审视了她已经介绍过的“abandoned”一词的含义，包括社会关系的决裂和一个无人问津的地方，并在最后一个例子中提及“abandoned”一词还有抛弃某些东西的意思。当她提到“你不再……”的时候，停顿了一下，提高了音调和音量。这些话的共同作用是促使全体学生在她说出“穿”（wearing it）时一起跟读。这句话并不是课本故事中的一部分，而是老师对“abandoned”一词解释的拓展。

课程继续。

老师：再有遗弃，然后会怎样？大量的……［Many］丰裕（abundances）。

学生：［Many］

老师：我们现在有［很多］（plenty），还记得吗？

学生：[Plenty]

老师：我们读到《废弃的农舍》了吗？那是一间［无人问津］的农舍。

学生：[无人问津]

老师：是的，那只是一间无人问津的农舍，无人问津，就是没有人去那里，也没有人待在里面。所以它是……一间废弃的农舍。没有人能进去，没有人待在那里，没有人住在那里。好，我们……你们现在没有书，就先听听。好，通过他的鞋子尺码，可以发现他是个高个子。房屋附近，藤条枯萎，从床的长度可以看出他个子很高。楼上的房间里放着一本《圣经》，说明他是个敬畏上帝的好人。台灯破旧，楼下的窗口透进了明亮的阳光。农田里杂草丛生，可以看出他不是一个务农的人。这段话告诉你，当你进入一间废弃的农舍，虽然没有人住在那里，也没有人在那里，但他的东西还在，比如，他超过正常鞋码的鞋子就留在那里。好的，这是他写过的一个地方。进入房间，你会发现房间十分凌乱。网球拍丢在这里，呃……磁带堆在那里。在没见这个房间的主人之前，你会觉得他是个音乐爱好者，因为他有……［磁带］，所有的磁带都是［无声的］。

学生：[磁带]

老师：所以我们能猜测出他喜欢……［他喜欢］。

学生：[他喜欢]

老师：他喜欢基肖尔·库马尔（Kishore Kumar）的歌，我们能猜到的也就这么多了。现在，如果能看到牛仔裤和花衬衫，那么我们就会发现他喜欢穿花衬衫和牛仔裤。好，如果你看到……呃……床没有整理、枕套很脏。那么从这一点，你能得出的结论就是……［这个人］不是很爱干净。

学生：[是的，老师]

老师：现在，换成一个相反的情况。如果你走进一间房间，看到房间被收拾得很干净。床上的衣服都被整理好了，整整齐齐地被放在壁橱里的衣架上，书也被堆得很整齐。那么，你会对房子的主人有什么看法呢？

学生：很整洁。

老师：他是一个非常整洁的人。好，这就是区别。一间不整洁的房间给你……带来的印象是……呃……这个人不是很……［整洁］

学生：［整洁］

老师：一个非常整洁的房间会让你觉得这个人是［非常］……的。

学生：［整洁］

老师：［整洁］

学生：［整洁］

老师：他知道把东西放在哪里，不到处乱放东西。是的，是同样的方式。在一间废弃的农舍里，一个人走了进来。现在，这是一间农舍。农舍。农舍。

老师通过提问“然后会怎样”转移学生的注意力，顺势引入“丰裕”（abundance）这一概念。从而引入了在提及“许多丰裕”（many abundances）这一概念时，学生在老师的带领下一起说出了“many”和“plenty”这两个单词。然而，这位老师的教学内容似乎有些超前了，所以又重新开始解释“abandoned”的意思。老师和学生们说要开始读课文了，并注意到了我没有课本。我没有说什么，只是弯下腰来示意我能和旁边的同学一起看。老师接着读课文，并以“这段话告诉你”这句话表明课文已经读完了，从课文转到了她之前的话题。

在接下来的课上，老师延伸列举了可能出现在“一间非常凌乱的房间”里的物品。老师引入了“凌乱”这一概念，这一概念在课本上是没有的。根据之后的内容，老师似乎是为了提到诗中没有提及的内容而引入这个概念。首先，她提到了“网球拍”，但是，与下一个例子“磁带”相比，老师仅对此进行了简短的解释。据我所知的学生中，无人拥有网球拍，而磁带在生活中无处不在，尤其是在学生之中，他们对电影、音乐充满了兴趣。老师引导学生跟她一起说“磁带”这个词，但是当老师再引导学生继续发言的时候，他们所讲的内容与老师的略有不同。学生们似乎想用“to be”来描述磁带的主人，老师则用“to be”来介绍一位流行歌手。学生们无法预料老师的意图，这并不奇怪，但这种教学流程在不经意间忽视了老师和学生之间表达方式的差异。老师以“我们能猜到的也就这么多了”结束了对“磁带”一词的解释，然后转向了其他物品——牛仔裤和花衬衫。这些例子特别有趣，因为在录音时（1997 年），牛仔裤和花衬衫并不受学生们欢迎。这些例子似乎都来自电影和时尚界。老师挑选这些物品，似乎是为了与学生当前的消费习惯相适应。

接下来，老师开始更明确地解释“凌乱”这一概念。当老师说“从这一点”时，确实会稍微提高音调，而学生们也明白这是在提示他们发言。然而，学生并没有期望老师解释单词或短语，所以只是简单地以“是的，老师”表示同意。可以看出，老师提示学生发言，结束了对“凌乱”这一概念的讨论。无论如何，这是第二次老师和学生的表达不一致，也是第二次不间断地继续上课。

老师提出“换成一个相反的情况”，继续对“整洁”这一概念进行解释。她提到了爱干净的人会如何摆放床上用品、衣服和书籍。在这节课上，老师第一次让学生主动回答问题，而不是重复表达。她用一个短语来提示学生作答，该短语与她在讨论“不爱干净的人”时所用的短语相似。老师在第一次问出“你能得出的结论就是……”时就给出了提示。当她第二次开始提问“那么，你会对房子的主人有什么看法呢”时提高了音量和音调。第二次提问，师生的答案就是契合的，因为学生似乎知道老师在等的答案。

老师接着探讨一个爱干净的人和他的房间会是什么样的，并拓展至“凌乱”这一概念。她先是罗列了详细的例子，之后提示学生发言跟读，结束了这一话题。事实上，她给了学生两次提示，学生在老师说出关键词“非常”之后，第三次复述了他们本来所预想的老师会说出的“整洁”。老师再次提到这首诗和这节课的名字——《废弃的农舍》——提示拓展讨论即将结束。她试图用“是的，是同样的方式”将诗歌中的废弃农舍与拓展内容进行对比，并将其与“一个人走了进来”进行融合。她运用“现在”一词暗示了解释顺序的变化，并重复了“农舍”一词三次。之后，她开始介绍这首诗下一部分的重点，朗读了诗的另一部分，并提示学生跟读已到尾声。

案例四：萨拉斯瓦蒂学校九年级的印地语课

案例四来自萨拉斯瓦蒂学校九年级的一节印地语课。这门课和西克莱斯特学校的英语课水平相同，教学内容依然是诗歌。与英语授课学校一样，印地语授课学校的学生的课桌上也摆放着诗歌。就像在英语课上一样，老师会把教学重点集中在从阅读中引出的话题上，然后通过提高音调和音量来提示学生发言，这与英语老师的做法如出一辙。事实上，英语授课学校的英语课和印地语授课学校的印地语课的唯一区别是，印地语学生回答的是老师提出的问题，而不是预测老师下一句会说什么。

在这段课堂节选中，这首诗是由 20 世纪的著名诗人苏米特拉南丹·潘特（Sumitranandan Pant，1900—1977）写的，他的作品经常出现在高年级的教科书中。老师以一个反问句引出了课堂内容，描述了诗中一个美丽女孩的形象。

Teacher：*samajh mẽ ā rahe hãi? rupak pant kā. ek sundar yuvtī kā rup diyā hai. aur kyā kahā ki vaha sundar yuvtī. yānī śaradarupī nāyikā. śaradarupī yuvtī ko kyā hai? ant sarohū caraṇ kar māne ye hāth yahā̃ se* [teacher motions with her hands] *aur caraṇ māne pair. to hāth aur pair donõ uske kaise hãi? ungliyõ hāthõ aur pair ... donõ pair se hãi aur āruṇ. āruṇ māne?*

老师：你们能理解潘特的隐喻吗？他塑造了一个美丽女孩的形象，全诗描写的就是那个美丽的女孩，一个冬天里的女主角。冬天里的女孩是怎样的呢？莲花般的脚……和手，意指从此处延伸的双手（老师用手示意），以及真正的双脚。她的手和脚怎么了呢？手指、手掌、脚……双脚都是朱砂色的。朱砂的意思是？

Students：*lāl*

学生：红色。

Teacher：*kaise lāl? kamal ke swarup jaise alp sarohū kar caraṇ. kar māne hāth caraṇ māne pair panjā. to uskī donõ hatheliyā̃ aur panje donõ kaise lāl hãi? ab kaise?*

老师：什么样的红色呢？就像莲花一般的手足，手就是手，脚就是脚。所以她的手掌和手臂都是什么样的红呢？现在又如何？

Students：*kamal ke jaise*

学生：像莲花一样。

在这课堂的节选中，老师用她自己的肢体形象解释了诗中的形象。她解释了诗中提及的一个“美丽女孩”（*sundar yuvtī*）的形象，随后用“意思是”（*yānī*）完成对诗中短语的调用。老师通过学生可能熟悉的短语来解释这首诗，“*sundar yuvtī*”并不是口语化的印地语，而是“*śuddh Hindi*”（清晰的、纯正的印地语），但要比书中涉及的短语“*śaradarupī nāyikā*”（可生硬地译为“冬天里的女孩”）好理解得多。她在提问的时候用“*yuvtī*”代替了“*nāyikā*”，问题依然是带有修辞性的，“*śaradarupī yuvtī ko kyā hai?*”（冬天里的女孩是怎样的呢）。首先，她用“*hāth*”（手）这个词代替了“*kar*”（手），并用肢体语言进行解释，之后那句“*caraṇ māne pair*”（脚就是脚）也使老师想用常见词来解释原诗的意图更为明显。当这种用常见词来解释原诗歌中的用词的模式建立以后，老师在提问“*āruṇ māne*”（朱砂的意思是）时提高了音调和音量，来提示学生去替换“*caran*”一词。学生明白老师的意图，一起回答了替换词“*lāl*”（红色）。

老师继续上课，替代诗中的单词和短语。

Teacher：*lāl kamal ke samān uskī hatheliyā̃ aur uske panje. tum log jab dains kartī ho klais kartī ho yā koī prograim detī ho to hāth ko lāl rang se detī ho. unglī ko rangtī ho pair mẽ mahāvar lagātī ho. talvā ko bhī rang detī ho. gulābī rang. to ve pair aur hāth lāl lagte hai. dekhne mẽ sundar lagtā hai jab dains nṛtya kī posiśan jab hotī hai to usmẽ hāth aur pair vā dikhtā hai. bahut sundar lagtā hai. to us nāyikā ko sundar kahanā kā matlab vaha gorī hai aur gorī hone se uske hāth aur panje kī jo mānspeśiyā hai. vaha kaisī hai? lāl hai. kyõki jab kisī bahut gorī laṛkī kā dekhā hogā binā kuch lagāye hī uske hāth aur pair ke jo panje hãi ve lāl lāl hãi. samajh mẽ āyā? to itnā sundar rupak kavi ne bāndhā hai ki alp sarohū kar caraṇ. us śaradrupi nāyikā ke hāth kī hatheliyā̃ aur panje donõ hī kaise hãi? lāl kamal ke samān. netra khanjan aur netra kaise hai uske? khanjan pakśī ke samān ānkh hai uskī. iskā netra hī kyā hai? khanjan pakśī kā netra hai. itnā sundar hai. mukhcand. aur yaha mukhaṛā uskā kaise hai?*

老师：她的手掌和手臂就像莲花一般。当你们跳舞、上课或者表演节目的时候，会在手上涂红色的颜料，在脚上和脚底撒上红色的粉末。颜色粉粉的，手脚红红的，看着特别美。所以说女孩美丽，是指她的双手和肌肉线条都很美丽。是什么样的美呢？是红色的。因为当你看到一个非常美丽的女孩，即使她的手脚上没有任何东西，手也是红红的。你们明白了吗？诗人创造了这个美丽的意象，小小的、莲花般的手和脚。所以，那个冬天里的女孩有怎样的手掌？怎样的双手？它们红得如同莲花一般。眼睛……鹡鸰……她的眼睛是什么样的？她的眼睛就像鹡鸰。鹡鸰的眼睛到底是什么样的？是如同鹡鸰的眼睛一样的美。圆圆的脸，她那张姣好的脸又是什么样的？

Students：*candramā kı tarah.*

学生：像月亮一样。

在第二段课堂节选中，老师的教学模式和第一段节选中的一样，不再将不熟悉的单词和短语替换掉，而是重新构建诗的主题内容。老师通过列举学生在学校学习表演的例子，使学生联想到诗中女主人公红红的手和脚。老师延续了第一个片段的模式去问学生问题，但她不希望学生回答。她重新定义上下文（所以诗人造就了这美丽的形象），从而不再解释说明女主人公的美，也不再比较学生的学校活动，而是回到了诗人和他的诗作。老师重新审视了冬天女主人公的形象，以及她的手和脚与莲花的相似之处，然后从诗中引入了一个新的形象，即女主人公的眼睛和鹡鸰的相似之处。老师又问了一个问题："她的眼睛是什么样的？"但不指望学生回答。之后又提问："她那张姣好的脸又是什么样的？"并提高音调和音量来提示学生作答。学生回答道："像月亮一样。"在九年级的印地语课堂上，学生们说了三次话：第一次是将一个词翻译成更熟悉的梵文形式，后面两次是为了回答老师关于诗歌某个方面的问题。

第二段节选的有趣之处在于，老师刻意使用非标准的印地语。在将学生从诗歌引向他们的现实生活时，老师用了跳舞（*dains*）、上课（*klais*）和表演节目（*prograim*）等词。和本书的其他部分一样，我用印地语的音译惯例来表述这些词，因为这些词在印地语和英语中十分相似。人们通常在对话和互动中听到这些词，这些词是唯一不容易被识别为印地语的元素。在第二段中，老师用这些词将时间与诗歌创作时间转向了当下。换句话说，老师将时间线由“*ek sundar yuvtīkārup diyā hai*”（他塑造了一个美丽女孩的形象）转向了“*tum log jab dains kartī ho*”（当你们跳舞……）。也就是说，老师从过去时转向了现在时。因此，老师的任务之一就是为学生提供不那么梵文化的印地语，这样她就可以用学生可能认识的语言来演绎这首诗；另一项任务是将诗歌的主题延伸到学生的现实生活中。正是在后面这项任务中，老师介绍了一些读者可能会认为是英语的单词。

案例五：萨拉斯瓦蒂学校九年级的英语课

最后一个课堂互动案例来自萨拉斯瓦蒂学校九年级的一节英语课，与案例四来自同一所印地语授课学校。在某些方面，这节课与案例三、案例四相似。老师从课本中选取内容作为讲解主题，并要求学生给出非常简短的回答。她通过提高音调和音量来提示学生回答问题。在其他方面，这节课与案例三、案例四有很大的不同，因为老师在英语课上使用了大量的印地语。老师用印地语来组织学生讨论。她还使用印地语来解释英语阅读中的原句和引用。通过使用两种语言，本案例中的老师与案例三、案例四中的老师有很大的不同。

上课伊始，老师向学生询问了教科书中关于苏格拉底的部分。

老师：有门课很受重视，是哪门课？

学生：体育。

老师：这门学科的名称叫作体育。体育意味着身体锻炼的重要性。他也学了其他学科，如科学、数学。他也了解星星，那些天空中的星星。这叫什么？那些星星。但是，现在的学生学习的历史和地理知识还远远不够。现在的学生了解了很多社会研究方面的知识，其中就有历史和地理。他们喜欢这些。他们对此非常重视。

老师用印地语上英语课，用被动语态使学生的注意力集中在课文所强调的内容上。然后她问这节课重点学的是什么学科，并期待得到学生的答复。学生们很容易明白老师的意思，集体答道："体育。"对于先前问的"学科"，老师肯定了学生的回答："这门学科的名称叫作体育。"我把像"体育""科学"和"社会研究"这样的单词直接写作英语，因为这是一节英语课，而且老师专注于课本上的英语。她不可能像在九年级的印地语课（案例四）上那样，使用可能被理解为印地语的英语单词。

之后，老师按照案例三、案例四中类似的教学方法，用动词"意味着"来引入阐释。她给出的解释是"身体锻炼的重要性"。然后，她用"他也学了"来引入这节课的核心人物苏格拉底，并介绍了另一门学科——科学。这次，她没有解释这个词，而是将她刚刚说过的话翻译成了印地语，但没有翻译重点部分"科学"。用英语授课并将其翻译成印地语的教学模式再次出现。老师在重复的时候更明确指出了课本内容："这叫什么？那些星星。"这一系列话语尤其复杂，因为老师从书中引入内容，然后明确指出无论这是什么，都与星星这一主题有关。她提问，教科书中写了什么关于"这个"的内容。如果人们认为"这个"所指的是老师上句话里与星星相关的——比如，天文学——那么就错了。相反，课本中的短语"这个"指的是"现在的学生学习的历史和地理知识还远远不够"。这句话满足了老师的要求，因为这句话来自课本，但是这句话与学生期望的不同，与某个和星星相关的单词或词组无关。

老师根本没有继续讲星星，而是进一步翻译了课本上的这句话——现在的学生了解了很多社会研究方面的知识，其中就有历史和地理。当然，翻译得并不准确。首先，老师介绍了课本中缺少的"社会研究"一词。其次，老师用英文的句子片段来呈现课本中语法完整的印地语句子。最后，与案例三、案例四中的老师将课本内容中的元素延伸到学生的日常生活中不同，本案例中的老师通过构造关系代词、第三人称复数代词来还原课本里的称谓。也就是说，老师不以第二人称代词对学生进行称呼，不让学生参与到课文中来。老师继续上课，提了一些不在课本中的内容，使用语句"他们喜欢"以保持第三人称。因此，老师一直忠实于本节课所讲的参考框架。

老师最后使用的句式结构与导入课本内容时如出一辙。起初，她用“很受重视”省略了宾语，结束时却说“对此非常重视”，明确加上了宾语。耐人寻味的是，学生用“体育”一词补全了第一句话的指称对象，而第二句话的指称对象似乎是“历史”和“地理”。虽然老师没有回到有关苏格拉底所学内容的讨论上，但她开场白与结束语的指称差异——结合之前关于苏格拉底的讨论——恰好映射了苏格拉底时代与当代的时间距离。尽管她在讲解与星星相关的主题时颇费周章，甚至用英语说了个句子片段，且只得用完整的印地语句子来释义，但她仍成功通过平行句式搭建起了过去与现在的时间区隔，而这正是本节课的核心要点。

印地语授课学校的英语课：以安全对话为例

我所记录的所有学校的课堂互动——无论是什么学科，无论学校使用什么授课语言——都呈现出安全对话的一些特征。老师主控课堂互动，学生的参与相对较少。就像本书中展示的案例一样，学生有时会回答老师特意提出的问题，这些问题往往针对这节课的某一特定方面，而不是老师讲解中出现的问题。有时学生在收到提示后，也会和老师一起进行分析，回答相关问题。我从来没有看到老师对学生的发言会有表扬、认同或责备之外的回应，这些回应都反映了学生的答案是否满足老师的要求。虽然案例一中的问答模式可能会导致错误答案出现，但在其他案例的教学流程中不太可能出现错误答案。即使出现意料之外的答案——如案例三——老师也可以遵守流程继续讲课。事实上，学生的回答只是出乎意料，并不是不正确。与案例一的问答形式相比，其他案例中的课堂互动似乎体现了安全对话的概念，因为在这几种课堂互动中，学生几乎不可能出错。

从其他方面来看，上述课堂节选中是否存在安全对话是有争议的。当我们探究课本内容和老师话语之间的关系时，西克莱斯特学校九年级的英语课（案例三）和萨拉斯瓦蒂学校九年级的印地语课（案例四）是相似的。在这两种情况下，教材都为课堂互动提供了基础，老师们的大部分活动都以教材为导向（K. Kumar，1988；Ramanathan，1999）。然而，在这些案例中，老师通过引入课本中尚未出现的元素来阐述部分段落。在案例三中，老师介绍了网球拍、磁带和流行歌手的形象。在案例四中，老师引用了学生参与的舞蹈课和节目，让学生从诗歌中感受到美丽与红色的形象，将形象从教科书的语境中延伸到学生的日常生活中，超越了安全对话的界限。事实上，老师用来引导学生参与的那部分互动，正是针对课堂上的这个环节设计的。因此，老师即便只是适度为之，却也使课堂教学内容超出了教科书。

的确，如果安全对话发生在某一类型的课堂教学中，那么必定会调动老师和教科书之间的关系。对比英语授课学校的英语课（案例三）和印地语授课学校的印地语课（案例四），萨沃达亚学校的英语课（案例二）和印地语授课学校的英语课（案例五），可以发现老师拓展了教材中的内容，这样会降低教材内容和学生的关联性。在这两种情况下，老师们更倾向于用印地语翻译教科书上的英语内容。

在这方面，案例二和案例五中老师的教学模式正是马丁（Martin，2005）在马来西亚周边地区学校进行的田野调查中所描述的，一种互动式的安全对话。马丁认为，使用其他语言有助于老师完成课堂教学，同时也能为学生讲解他们不懂的英语单词和短语。当然，案例五中老师提供的翻译并不准确，但他们确实保证了课本内容的参考价值，并且不试图将其扩展至学生，即使这样做十分容易。事实上，案例二和案例五中的老师使用印地语解释了所需的互动模式，提出了问题，并对课文中的英语段落进行了润色。与重复教科书中的短语相比，用印地语进行朗读的效果要好得多。因此，在印地语授课学校的英语课堂上，老师和学生所进行的安全对话与英语授课学校的英语课堂中的安全对话是不一样的：前者的老师用印地语授课，而英语是授课语言的另一种选择；后者的老师用英语授课，并对课本中的段落进行解释。

毫无疑问，安全对话可以用来解释本章提及的课堂教学互动之间的差异。安全对话这一概念可以揭示课堂动力的重要性，因为印地语授课学校的英语课堂中的教学互动，与英语授课学校的英语课或印地语授课学校的印地语课不同。如果我们把视角仅限于课堂互动，就能想到在印地语授课学校中，老师和学生会为了面子，而以一种可控的方式来探讨英语教科书中的内容。

对印地语授课学校里英语课程的看法

多位学者（Pérez-Milans，2012；Weber，2008）认为，如果从课堂之外的语言意识形态的角度来理解课堂互动，安全对话这一概念可能并不能解释课堂互动产生的（无论是教学上还是其他方面的）价值。因此，安全对话这一概念对于课堂对话、师生互动、课外学习交流，以及人们对学校和语言的反思是很有用的。安全对话这一概念在课堂之外也有所涉及，因为问题在于，安全对话是否能根据语言授课差异来解释语言的价值。

在对课堂外学校教育进行反思的过程中，有几种方式可以与上面介绍的印地语授课学校的英语课的教学流程产生共鸣。到目前为止，书中介绍的各种讨论中都呈现了人们如何谈论瓦拉纳西和北印度印地语带的英语教学的重要性。在瓦拉纳西，人们谈论学校教育时，会经常提到动词“*ghūmnā*”，意思是“漫步”或“游荡”。人们解释说，教育为就业做准备，但工作可能在别处。尤其当一个人来自北方邦东部这样的地区时，情况更是如此。北方邦在很大程度上被排除在信息和数字技术行业之外，而在过去 20 年左右的时间里，信息和数字技术行业的快速发展推动了人们对阶层跃升的幻想。许多学者都证明了英语与印度新中产阶层就业之间的联系。瓦拉纳西人告诉我，在其他地方，无论是在迁移前还是迁移后，中产阶层若要就业，就必须接受英语授课学校的教育，这是必经之路。

许多人用印地语授课学校的英语课来支持这样一种观点，即英语授课学校是掌握英语，也就是获得就业机会的地方。有些人认为，印地语授课学校招收的学生根本无法“掌握”中产阶层工作所需的英语，并认为印地语授课学校教授的英语是“*bekār*”（没用的）。此外，这些人通过讽刺学生及其家长“好高骛远”——学习英语的野心远超学校实际教学水平——来嘲弄过去 20 年间英语授课学校在城市及其周边地区，乃至整个北印度印地语地带大规模扩张的现象。

人们利用一套普遍的教学流程来说明许多英语授课学校的局限性。人们认为，一些英语授课学校教孩子一些问候词，比如，向父母说“早上好，女士”“早上好，先生”，向老师说“是的，夫人”“不是的，夫人”，并声称这种问候会让父母和老师高兴，因为他们相信，这样一来会提升家庭的“现代性”和学校英语老师的地位。有些人用一种特别尖刻和恶毒的方式来模仿这种问候方式。许多人解释说，孩子的能力是有限的，并认为印地语将成为英语授课学校中最有用且最常用的语言。不出所料，持这种批评态度的人都是中产阶层。其中有些人曾就读于比较有名的英语授课学校，但有些人就读的是印地语授课学校。前者似乎是在嘲笑那些自以为和他们受同样教育但不会说英语的人，而后者似乎是在嘲笑他们眼中的下层阶级与期许获得的英语教育之间的不相容。

然而，对于英语在迁移中的地位，还有另一种来自下层阶级的观点——在经过政府认证的英语授课学校接受教育的人可能会抨击这种观点。安全对话这一概念使我开始关注下层阶级对英语的理解，因为他们并不像安全对话这一概念所描述的那样对英语采取防御姿态，而是指出了英语的好处。可以肯定的是，我并没有听到任何人明确承认或认可这一立场，但这是值得我们去思考的问题，以免我们对语言和语言差异的理解只停留在制度化的阶层再生产形式上。

对语言授课学校反思的缺位

直到我开始从安全对话的角度去思考印地语授课学校和英语授课学校的课堂互动时，我才将注意力转向课堂交流和校外的语言意识形态之间的关系。在安全对话的概念里和校外的语言意识形态中，印地语授课学校的英语课与英语授课学校的英语课有明显的不同：安全对话是一种同情的模式，而语言意识形态是一种相对排斥模式。然而，这两种解释都没有考虑到课堂外一些人的观点，例如，印地语授课学校使用的英语确实是有价值的。视角的转变使印地语授课学校的英语课课堂互动不再只是一项面子工程。

普里蒂·乔普拉（Priti Chopra）笔下的莱拉是一位住在比哈尔邦曼德勒托拉村（Mandaltola）的妇女。比哈尔邦位于印度北部。莱拉和她的五个孩子一起当佃农，她的丈夫是一名移民劳工，住在几百公里外的旁遮普邦。乔普拉（2011：636）认为，非正规教育部门开展的扫盲项目和“对她来说更有意义的日常生活实践”之间缺乏共鸣。莱拉声称：“学习读和写花费的时间太长。”尽管如此，掌握识字能力在某些方面对莱拉还是有帮助的。“她认为，能读懂锌、硫等不同化学物质的名称和用量是有用的。她告诉我，这两种化学物质虽然看起来一样，但作用不同，所以识字能帮助区分它们。在日常生活实践中，她通常会在询问店主后，试图记住哪个袋子里装的哪种化学物质。她还表示识字对其他方面也有帮助，比如，记录收支、编制预算、填写和看懂储蓄和信贷账户的存折、开设银行账户。”（Chopra，2011：636）乔普拉没有表明莱拉是否指定了语言来完成各种任务，也许这无关紧要。因为除了在印度北部，广告几乎都以多语言和多文字结合的方式进行宣传（Bhatia，2007；Vaish，2008），让人很容易联想到莱拉想要做到上述事情，一方面会用到印地语和英语，另一方面也会用到梵文和罗马字母。这个例子的意义在于，从莱拉需要完成的任务来看，她只是认为识字有用。她既不认同教科书和考试制度，也不参与人们对授课语言的评价。

就语言的重要性这一议题，我认识的一些教育界人士与莱拉的看法类似。换句话说，他们认为语言的重要性与其说是通过学校系统、授课语言划分，以及由此产生的“复杂性”来体现的，不如说是通过人们用语言完成的任务来体现的。我与德里大学一位门卫的对话录音表明，一个绝非中产阶层的人与那些讽刺门卫的人一样，也会使用英语。门卫拉姆达斯·辛格（Ramdas Singh）在2004年的月薪约为1 500卢比（约合128元）。这位门卫之所以对我感兴趣，一是因为他从比哈尔邦的巴布阿（Bhabua）搬到了德里，二是因为我喜欢在晚上和他打牌。我的失眠与他的孤独正好互补。他有一儿一女，都在德里政府资助的一所印地语授课学校就读，因为那里的学费最低。在这个生活成本极高的城市，辛格的工资非常低，而且还要养两个孩子，这确实让他捉襟见肘。他的妻子在一户人家里当用人，工资比他低得多。他将自己居住的社区描述为“*jhuggī jhopṛī*”，即通常由居民建造的社区。因为这样的社区通常是在非居民所有的土地上建造的，所以可能面临被拆除的风险。

辛格先生首先回答了我有关英语在印度是否重要的问题。

> 辛格：英语在印度是必需的。不会英语，人们就无法工作。每台机器的名称都是用英语呈现的。每个人都必须懂英语。
>
> 我：那这对工作意味着什么？
>
> 辛格：对于任何类型的工作来说，英语都是必要的。
>
> 我：这意味着人们应该从小学习英语吗？
>
> 辛格：是的。
>
> 我：真的吗？
>
> 辛格：我认为学习英语和印地语对人们来说是必要的。
>
> 我：但是一般来说，印度人懂英语吗？
>
> 辛格：印度人当然懂一些英语。并不是说印度人的英语已经像现在的十年级水平一样好。毕竟从一年级学到十一年级，他们多少会说些英语。我们虽然说得不是很好，但是能听懂别人在说什么。所以，我们能说的不多，但能说一点……不过我们能听懂的也很少，也许能听懂“吃”“食物”“水”。就这么多，我们当然能听懂。我们既没时间也没精力学英语。

辛格一开始就表达了这样一种普遍存在的观点，即在印度，为了确保就业，英语是必要的。他使用“机器”一词，表明了严格意义上的体力劳动（如佃农）与机械化或涉及计算机的劳动之间的区别。英语一般与后者有关，因为在辛格的描述中，英语很可能被用来给这类机器命名。第一轮对话结束时，他更笼统地断言，英语对每个人来说都是必要的。他强调：“对于任何类型的工作来说，英语都是必要的。”辛格对英语重要性的反思具有典型性，他将印地语的重要性与“想工作就必须会英语”这种主张结合了起来。

然而，当开始讨论会讲英语的人会说什么语言的时候，辛格就不再从就业需要的角度来阐释了。相反，他将英语看作以学校教育为媒介的代际术语。他将当下受过相对系统学校教育的印度人与“我们”这一代进行对比，又将现今学生的口语能力与自己这代人有限的听说水平形成对照。在其他场合，辛格先生曾坚称要确保子女接受比他当年更长时间的学校教育。或许有人会指责辛格先生忽视了人们关于英语说话方式与说话者所属学校的细微差别，但我认为，他对这些问题的漠视恰恰表明他属于工人阶层，对授课语言差异的思考并不多。

把辛格置于中产阶层之外，并认为他缺乏对学校授课语言差异的关注，并不意味着辛格认为英语没有价值。辛格有时使用的词语可以被理解为印地语，也可以被理解为英语，比如，*maśīn*（*machine*，指机器），*sar*（*sir*，指先生），*smārṭ*（*smart*，指聪明的）。但在提到 *eat*（吃）、*foods*（食物）和 *water*（水）这些词语时，他声称这些词语是英语，而且他知道这些词语。我们可以把他提及的词语——*eat*（吃）、*foods*（食物）和 *water*（水）——理解为生活必需品。因此，他说英语通常是为了满足基本生活需求。这些基本生活需求与前面提到的机器、延伸教育形成了对比。虽然辛格上学的时间不长，但他会确保他的孩子们能接受更长时间的教育。虽然辛格不像其他人那样熟练地掌握英语，但他还是懂那么一点，而这一点很重要。

拉维达斯（Ravidas）是最后一个例子，他是我女房东的仆人。他认为英语的价值不太能体现在印度北部的授课语言差异上。当家里人都午睡或外出了，我和他就会到屋后抽烟。在我们的一次谈话中，拉维达斯解释说，懂“一点英语”可以避免“羞耻”或“害羞”，尤其是在一个“不为人知”的地方。我问他，这是不是因为人们想让别人知道自己会说英语，拉维达斯的回答是否定的。他解释道，如果一个人看到一些他需要购买的物品，或者看到一些引导他到达目的地的标志，这些文字通常会用英语呈现。他认为，在日常生活的环境里，人们逐渐知道了事物和地方的名称，一旦走出这个环境，人们就会望而生畏，因为那里可能写着未知的东西。当我向他投去困惑的目光时，他解释说，如同某样东西近在咫尺，却还得问它为何物，这是很丢脸的。

莱拉、辛格和拉维达斯三人的例子各不相同。莱拉的观点与拉维达斯的观点最相似，但她没有明确说明可能涉及哪种语言。她识字的诉求类似于拉维达斯读懂公共标识的诉求，因为这两者都与面对他人时出现的知识匮乏和不平等有关。辛格提到了一些他会的英语，且他会尽可能地让孩子们在学校上学，这样至少能让他们获得更好的工作。这三种观点及其产生的价值与授课语言带来的反思并不相符。事实上，这三个人对英语重要性的论证方式很可能遭到抨击。对授课语言及其预设能力的关注，似乎对于上述三个案例所涉及的阶层来说遥不可及。此外，工人阶层对语言的倾向性似乎并不像安全对话认为的那样，是一种作为应对机制的防御姿态。相反，这里提到的三个人对于英语的价值有着非常清晰的认识。我们甚至可以想象，在印地语授课学校的英语课堂上，这样常规的教学方式可能对提升学生的英语水平有所帮助。可以肯定的是，这些关于英语的见解，既被印度对授课语言的讨论遮蔽，也被“安全对话”这一概念掩盖。

结　　语

在一些地区的学校里，老师和学生很少接触或使用前殖民地的语言，在这种情况下，安全对话是解释课堂互动最有用的概念之一。安全对话的理念认为，老师和学生在课堂上重复答案、一起朗读和少量讲解，都可巧妙地在处理困难局面时保全双方的面子。当把安全对话当作一种分析工具应用于以英语授课的西克莱斯特学校和以印地语授课的萨拉斯瓦蒂学校的英语和印地语课时，这种情况可以说是普遍存在的。通过安全对话，我们还可以发现印地语授课学校的英语课上的一些做法，以便与其他课堂区分开来。

本章还提出了一些问题，即当安全对话这一概念与校外的意识形态放在一起被考虑时，它会有什么变化？在印地语授课学校的英语课上，安全对话与英语的欠合法性话语相关。安全对话的运用展露了对处于弱势的师生的同情，有关授课语言学校的反思则批评甚至嘲笑学校（如那些缺乏声望和委员会隶属的英语授课学校）的上课流程，印地语授课学校的英语课也遭受了同样的待遇。

处于较低阶层的人反思语言的方式与运用安全对话和反思授课语言的人不同。无论是印地语和英语，还是识字和言语，它们的价值均体现在可以完成特定的任务上，如识别有用的物品、避免尴尬和满足子女的基本需求。这些目的很可能在课堂上和学校里被忽视，因为老师和学校领导认为学校教育的目的是用一种（特定的）语言交流，以掌握课本上的内容或为顺利通过考试做准备。要定位语言与学校关系的断层线（fault lines）及其与阶级区隔的关联，就必须将课堂之外的话语实践纳入考量。但必须注意的是，这些断层线本身预设了特定的阶级化环境，未必能推及其他情境。本章探讨的这些关于语言价值的论述——既无法用“安全对话”这一概念来解释，也难以被纳入教学语言的常规反思框架——就特别清晰地证明了这一点。

总　结

在印度北部讲印地语地区的教育体系中，印地语和英语都已成为备选语言。印地语授课学校和英语授课学校在应试制度、入学率等方面都存在差异。在印度经济自由化的时代，这种制度上的差异变得越来越重要，因为对于更多的人来说，教育和证书与未来的就业息息相关。有人可能会把接受以语言为媒介的学校教育看作印度新中产阶层的一种追求。在本书的描述中，新中产阶层这个群体一直是多元的，因为在瓦拉纳西，许多可以算得上是中产阶层的人都参与了因语言而分化的教育事业。诚然，在印度，会讲英语经常被视为新中产阶层的象征，但瓦拉纳西人经常通过援引印地语来理解英语，许多可被视为中产阶层的人都是在印地语授课学校接受教育的。

人们学习英语，是为了能参与印度和世界其他地区的自由化经济活动。对英语能力的要求在印度全球化的影响下尤为突出，尤其是呼叫中心，因为偏远地区对英语能力的要求更有针对性。本书描述了印度的一个城市尽管缺乏就业机会，但全球化进程已为其带来了影响。那些计划从瓦拉纳西搬到拥有先进技术和基础设施的城市的人并不是唯一与英语有关的人。在瓦拉纳西，如果不考虑印地语是什么或不是什么，就无法理解英语是什么。这两种语言在人们反思全球和地方、国际和国家、城市和农村、中心和外围之间的关系时起到了显著的作用，这一点从母语、国语和国际语言等术语的使用中可见一斑。这些术语是日常用语的一部分。

印地语和英语通过以语言为媒介的学校教育，在追求阶层再生产的过程中交织在一起。那些将授课语言作为一个值得反思的问题的学校与阶层流动息息相关。志愿者学校或者由非政府组织开办的学校无法举行考试。

例如，人们想象不到在这样的学校里能用英语授课，也无法想象用印地语授课已经是过去的事了。在志愿者学校或者由非政府组织开办的学校里，关于授课语言的讨论缺乏张力。

学校教育体系为人们思考印地语和英语之间的关系提供了一个特别重要的框架。在人们对印地语授课学校和英语授课学校的学生进行评价时，学校教育体系为语言意识形态提供了一个载体，即用母语来区分印地语授课学校和英语授课学校。这样一来，人们就排除了许多其他语言，因为这些语言在学校之外都有可能被作为母语。尽管人们认为学校教育的某些方面并不与印地语授课学校和英语授课学校之间的区别直接对应，但实际并非如此。授课语言与学校实践的一致性是关键因素，因为它们建立在将收费的印地语授课学校等排除在外的基础上，并且它们支持区分学校类型。

许多人在谈论授课语言问题时，都会重复这样一种观念，即人们被不同授课语言媒介所塑造，印地语授课学校和英语授课学校之间的区别造成了世界的分裂。他们在描述接受英语授课的学生与接受印地语授课的学生之间的复杂关系的同时，也证明他们能够解决这一问题。然而，他们的解决方式并不具有变革性，因为他们将自己视为例外，或者将诋毁他们的人视为比自己更边缘的人。也就是说，他们维护了印地语授课学校和英语授课学校之间复杂而不平等的关系，而这种关系正是建立在这种逻辑之上。

的确，在瓦拉纳西，对学校授课语言的思考倾向于再现二分法的逻辑，即全球和当地之间的差异与那里和这里之间的差异。印地语授课学校可以反映国家的情况，而英语授课学校可以反映国际的情况；同样，印地语授课学校可以反映当地甚至周边地区的情况，而英语授课学校可以反映其他中心地区的情况。这些不同的可能性并没有耗尽瓦拉纳西学校的价值。从更广阔的角度来看，瓦拉纳西学校获得的话语价值几乎无法反映学校的价值。把孩子送到其他地方读书的人的反思不着边际，若把这种反思考虑在其中，那么印地语和英语之间的区别，以及印地语授课学校和英语授课学校之间的区别就会逐渐被淡化。对于瓦拉纳西人来说，他们认为自己在这座城市的求学经历十分重要，但在考虑其他方面时，这一经历也就不那么重要了。

为学校打广告是一种特定的传播方式，其以一种特别清晰的方式展示了授课语言的分化是如何使瓦拉纳西被边缘化的。在瓦拉纳西，语言和文字的结合强化了公立印地语授课学校和私立英语授课学校之间的差异。然而，当人们考虑通过报纸为远方的学校打广告时，只能找到运用罗马字母制作广告的英语授课学校。瓦拉纳西只有几所学校，即收费高的那几所学校都出现在了报纸上。实际上，报纸上根本不会刊登当地学校的广告。城市里的大多数学校都通过标牌做广告，标牌使用的是在报纸上看不到的语言和文字。

对语言和文字系统组合的思考一方面加强了印地语授课学校与其他公立学校的区别，另一方面强化了英语授课学校与其他私立学校的区别。事实上，我在田野调查期间遇到的人中，只有一个人提出了一种教育理念，这种理念打破了印地语和英语两种语言学校之间的严格划分。为了理解她是如何贯彻教育理念的，我们必须考虑到她是如何运用各种声音的，以及这些声音是如何产生共鸣或无法产生共鸣的。各种声音的组合超越了老师自身的发言内容。发出这种声音的老师没有声称自己是个例外，而是使印地语授课学校和英语授课学校之间的二分法保持不变，并提出了一种可能性，即授课语言的划分可能并不那么重要。当然，在瓦拉纳西那些送孩子上学的人的语言意识形态中，印地语授课学校和英语授课学校之间的区别无处不在。事实上，它们的特殊性可以被看作授课语言与媒介存在巨大鸿沟的表现，也可以被看作印度经济自由化时期授课语言差距日益扩大的表现。

一进入课堂，我们就进入了一个世界，在这里，外部对教育的话语反思无法解释这种课堂经历。瓦伊什等学者对印度的课堂教育都有研究，他们发现，在古吉拉特邦和德里不同地区的不同类型的学校中，所有年级的情况都是如此。特别值得关注的是英语课堂上的互动，因为语言需要经验和实践，而在后殖民社会中，这是大多数人无法获得的。安全对话这一概念解释了老师和学生之间特有的教学流程：师生缺乏互动，对课文的剖析更少，通过安全对话保全面子。这是通过减少英语互动来实现的，比如，让学生跟读，或者用老师和学生都熟悉的语言讲授大部分课程。安全对话这种策略能帮助师生完成课程。印地语授课学校的英语课程最能体现安全对话的特点。

这并不奇怪，因为印地语授课学校的英语课程要求学校使用前殖民时期的语言，这与后殖民时期的印度不同。虽然授课语言的划分为印地语授课学校的英语课堂教学流程奠定了安全对话的基础，但许多人利用学校本身的教学流程来把英语呈现为一种资格认证。人们嘲笑印地语授课学校和英语授课学校的英语，称其为新学校、农村学校或非官方学校，孩子在那里表现出的行为和能力十分有限，除了让亲戚、家人感到骄傲，别无用处。

我认为，安全对话这一概念可能无法完全解释老师和学生能在互动中达到什么目的。没有上过任何名牌英语授课学校的人们认为，无论是在迁移还是在工作中，读写能力、会用或能看懂英语都是有用的。有时，识字或会说、会听的价值是建立在维护尊严的基础上的。但是，主张读写能力价值的人并不是为了维护尊严，而是在展示学识。

从那些经历过印度中产阶层形成过程的人们的角度来看，印地语和英语既是语言，也是制度。印地语授课学校和英语授课学校之间的差异如此之大，是因为它们涉及并积极塑造了诸如母语、国家、国际、农村、城市、地方和全球等概念。以印地语和英语为授课语言的学校在实践和反思中出现的方式是复杂的，植根于一些非语言的实践中，取决于赋予它们价值的人。反之，人们对印地语授课学校和英语授课学校的价值归属也取决于他们在沟通时所选择的语言。在授课语言教育中，几乎没有人认为授课语言的分化是不可避免的。授课语言在社会阶层中分化的根源是显而易见的。

三种结论性反思

在这场关于印度北部学校教育和语言的讨论中，有三个主题显得尤为重要。

后殖民国家与语言规划的困境

印度的教育和语言情况表明，后殖民社会能够承受所谓的发达社会所不能承受的负担。因此，语言规划的困境在各国之间并不相同。后殖民国家无论是在教育领域还是在语言领域，都容易受到“发展是必要的”这一说法的影响。那些被定义为发展中国家的国家很容易受到指责，即语言，尤其是那些享誉全球的语言在其境内缺失或有缺陷。例如，印度人说的英语或所接触到的英语可以反映这个国家的状况。我们可以想象，虽然印度人说的英语在某种程度上是合格的，但不适用于美国和其他发达国家。这些诟病有时来自电话那头愤怒的海外客户，而更多时候来自对自己的国家和教育体系感到尴尬的公民。人们会把目标对准后殖民国家，聚焦发展进步的象征，以哀叹其不足或呼吁变革。在后殖民社会中，关于教育和语言的论述经常会重新定义国家及其开展的活动，将其视为罪魁祸首和懒惰者。全球化进程虽然并没有解决这些难题，但有时为它们提供了新的可能性。

当然，国家并不是与此类困境有关的唯一场域。许多瓦拉纳西人都知道，与大都市相比，他们的城市提供的学校类型更加有限，尽管许多人试图通过在当地学习英语来获得一些声望。与此同时，许多人觉得他们的城市在印地语的发展中占有特别重要的地位。他们注意到，学校里同时开设英语和印地语课程，此外，这些语言差异也直接定义了学校的类型划分。

印度政府常被批评其英语教育水平难以与国际标准接轨，在印地语占主流的北部城市带，语言制度化建设的滞后性同样构成严峻挑战。民众通过英语获取外部信息的能力，往往植根于其印地语文化认知体系；反之，本土语言语境也深刻塑造着民众对英语信息的解读方式。他们通过两种语言了解的大多数内容都来自学校教育，因为学校教育是二元对立的。的确，印度政府试图通过教育系统推广多种而非一种语言。但是，对于大多数身处教育系统里的人来说，国家和国际之间的差异所产生的对立性似乎决定了语言价值的高低。语言规划工作，如三种语言模式，如果不考虑通过语言差异来构建学校的方式，必然无法取得显著效果。特别是在经济自由化时期，“学校和语言”与“经济流动性和国家归属感”息息相关。

母语矛盾

对于瓦拉纳西的中产阶层来说，印地语之所以重要，是因为其反映了母语这一概念。一方面，学校教育特别关注印地语，因为印地语定义了一种可以替代英语的学校类型；另一方面，许多瓦拉纳西人把印地语视作他们的母语，即国语，值得珍爱与尊重。一个人上哪种语言授课学校并不总是能代表这个人的语言能力。那些上过印地语授课学校、有能力说英语的人，现在从事需要英语的工作，不愿将印地语称为母语。他们强调，母语应该是骄傲的源泉，同时他们也意识到，面对英语，母语可能是不足和耻辱的来源。在学校教育领域尤其如此。

语言和学校受到了殖民和全球化的影响，这让人想起了帕萨·查特吉（1994）的观点，即殖民地主体在没有完全被殖民发展概念干涉的情况下，是如何设法参与殖民发展的。查特吉有一个著名的论点，即印度人的生活被一分为二：一个是男性操控的外部世界，另一个是女性维护的内部世界。同样，在本书呈现的民族志访谈材料中，人们将英语视为实现地域流动与阶层跃升的实用语言，将印地语视为值得尊重的宝贵语言。

本书承认了语言和制度的二元性，但同时也指出，印地语和英语之间的关系并不是直接呈现的。比如，这两者分别适用于内部领域和外部领域，而且常常与特定的活动有关。第一，支撑印地语和英语的文化逻辑是多种多样的。尽管它们的价值观是相互关联的，甚至是对立的，但它们可能会根据反思的对象而发生根本性的变化。第二，变化本身的可能性取决于语言，而语言是通过学校教育呈现出来的。例如，英语的重要性超越了个人反思，尤其体现在知名教育机构和报纸广告对其的运用价值上。第三，少数人有能力质疑语言分化存在的基础。生物老师卡特里夫人尤其对印地语持怀疑态度，因为对很多人来说，印地语代表着母语。研究授课语言的具体表现方式是非常重要的，因为它的应用就像它的构成一样，充满了不平衡和不平等。总之，对于那些坚持讲母语的人来说，母语是一个矛盾的概念，因为他们看到了母语在教育上的局限性。

语言、教育和新中产阶层

贯穿全书的最后一个观点是，在瓦拉纳西，以语言为媒介的学校教育与阶层倾向有关，但并没有一种意识形态来界定这种关系。能够提供会考名额的学校与不能提供会考名额的学校之间的制度差异，就好比有授课语言差异的学校与没有授课语言差异的学校之间的差异。虽然印地语授课学校的学费普遍较低，不能为学生开设最具声望的专业或者提供就业机会，但这并不意味着以印地语为媒介的教育将学生置于中产阶层之外。夏尔马的儿子们有很多就业机会，对于他们来说，没有必要接受英语教育。只有当夏尔马最小的儿子继续从事电子商务时，他才需要接受英语教育。如果他回到家里和父亲一起工作，那么他所接受的印地语教育将完全符合其中产阶层的身份。

人们既不能简单地把接受英语教育视为向上流动，也不能把接受印地语教育视为没有抱负。接受英语教育蕴含着风险，因为英语的意识形态基础是多方面的。在瓦拉纳西的学校教育体系中，英语之所以获得声望，很大程度上是通过与印地语学校的对立实现的。但英语教育引发的与其他地方的联系本身就被意识形态差异割裂了。在本书第二章中，银行瓦拉认为他女儿就读的学校之所以有价值，并不是因为它不是印地语授课学校，而是因为它提供了在瓦拉纳西无法获得的英语教育。这标志着银行瓦拉的阶层属性在他的邻里中是与众不同的，被视为更高的阶层。

中产阶层的地位不仅因为语言意识形态的差异而发生改变，而且还以看似统一的形式再次出现。英语授课学校的教育观念导致许多人谴责印地语授课学校的英语教育是有缺陷的，甚至是可笑的。这种评论假定英语应该在某种学校里以某种方式教授。这种评论忽略了本书第五章提到的像辛格这样的人所描述的有价值的英语。虽然辛格确实是工人阶层，在社会经济上与一些可以被视为中产阶层的人相去甚远，但他声称英语很重要、很有用。他认为使英语有用——识别和使用特定单词和专有名词的能力——似乎正是印地语授课学校开设英语课的目的。有时，人们通过谴责或嘲笑辛格所说的英语的价值，来提升自己的英语水平，证明自己的中产阶层身份。虽然以语言为媒介的学校教育假定学生会受阶层影响，进入不同的学校学习，但当人们开始研究是什么使其成为可能，其中又隐含了什么时，就会发现以语言教育差异为标志的校际分化尚未完成。

参 考 文 献[①]

Advani, Shalini. 2009. *Schooling the National Imagination: Education, English, and the Indian Modern.* New Delhi: Oxford University Press.

Aggarwal, Kailash. 1988. "English and India's Three-language Formula: An Empirical Perspective." *World Englishes* 7 (3): 289–298.

——. 1997. "What's Indian about Indian Plurilingualism?" *Language Problems and Language Planning* 21 (1): 35–50.

Agha, Asif. 1998. "Form and Function in Urdu-Hindi Verb Inflection." In *The Yearbook of South Asian Languages and Linguistics,* ed. Rajendra Singh, 105–133. New Delhi: Sage.

——. 2005. "Voice, Footing, Enregisterment." *Journal of Linguistic Anthropology* 15 (1): 38–59.

——. 2007. *Language and Social Relations.* Cambridge: Cambridge University Press.

Agnihotri, R.K., and A.L. Khanna. 1997. *Problematizing English in India.* New Delhi: Sage Publications.

Ahearn, Laura. 2001. *Invitations to Love: Literacy, Love Letters, & Social Change in Nepal.* Ann Arbor: University of Michigan Press.

Ahmad, Rizwan. 2011. "Urdu in Devanagari: Shifting Orthographic Practices and Muslim Identity in Delhi." *Language in Society* 40: 259–284.

Amin, Shahid. 1989. "Editor's Introduction." In *A Glossary of North Indian Peasant Life,* by William Crooke, xviii–xlii. Delhi: Oxford University Press.

Anderson, Benedict. 1983. *Imagined Communities: Reflections on the Origin and Spread of Nationalism.* London: Verso.

Annamalai, E. 1991. "Satan and Saraswati: The Double Face of English in India." *South Asian Language Review* 1 (1): 33–43.

——. 2001. *Managing Multilingualism in India: Political and Linguistic Manifestations.* New Delhi: Sage.

——. 2004. "Medium of Power: The Question of English in Education in India." In *Medium of Instruction Policies: Which Agenda? Whose Agenda?,* ed.

① 为方便读者查阅，本书按英文原版复制参考文献。

James Tollefson and Amy Tsui, 177–194. Mahwah, NJ: Lawrence Erlbaum Associates.
——. 2005. "Nation-building in a Globalised World: Language Choice and Education in India." In *Decolonisation, Globalisation: Language-in-Education Policy and Practice,* ed. Angel Lin and Peter Martin, 20–37. Clevedon: Multilingual Matters.
Apte, Mahadev. 1976a. "Multilingualism in India and Its Socio-Political Implications: An Overview." In *Language and Politics,* ed. William O'Barr and Jean O'Barr, 141–164. The Hague: Mouton.
——. 1976b. "Language Controversies in the Indian Parliament (Lok Sabha): 1952-1960." In *Language and Politics,* ed. William O'Barr and Jean O'Barr, 213–234. The Hague: Mouton.
Arthur, Jo. 2001. "Codeswitching and Collusion: Classroom Interaction in Botswana Primary Schools." In *Voices of Authority: Education and Linguistic Difference,* ed. Monica Heller and Marilyn Martin-Jones, 57–75. Westport, CT: Ablex Publishing.
Axel, Brian. 2002. "Fantastic Community." In *From the Margins: Historical Anthropology and Its Futures,* ed. Brian Axel, 233–266. Durham: Duke University Press.
Bakhtin, M.M. 1981. "Discourse and the Novel." In *The Dialogic Imagination—Four Essays,* ed. M. Holquist, trans. C. Emerson and M. Holquist, 259–422. Austin: University of Texas Press.
——. 1984. *Problems of Dostoevsky's Poetics,* ed. and trans. C. Emerson. Minneapolis: University of Minnesota Press.
——. 1986. *Speech Genres & Other Late Essays,* ed. C. Emerson and M. Holquist, trans. V. McGee. Austin: University of Texas Press.
Baral, Kailash. 2006. "Postcoloniality, Critical Pedagogy, and English Studies in India." *Pedagogy* 6 (3): 475–491.
Baruah, Sanjib. 1999. *India against Itself: Assam and the Politics of Nationality.* Philadelphia: University of Pennsylvania Press.
Barz, R.K., and J. Siegel, eds. 1988. *Language Transplanted: The Development of Overseas Hindi.* Wiesbaden: Otto Harrassowitz.
Basu, Amrita. 1996. "Mass Movement or Elite Conspiracy? The Puzzle of Hindu Nationalism." In *Contesting the Nation: Religion, Community, and the Politics of Democracy in India,* ed. David Ludden, 55–80. Philadelphia: University of Pennsylvania Press.
Baviskar, Amita, and Raka Ray. 2011. "Introduction." In *Elite and Everyman: The Cultural Politics of the Indian Middle Classes,* ed. Amita Baviskar and Raka Ray, 1–26. New Delhi: Routledge.
Benei, Véronique. 2008. *Schooling Passions: Nation, History, and Language in Contemporary Western India.* Stanford: Stanford University Press.
Ben-Rafael, Eliezer, Elana Shohamy, and Monica Barni. 2010. "Introduction: An Approach to an 'Ordered Disorder'." In *Linguistic Landscape in the City,* ed. Elana Shohamy, Eliezer Ben-Rafael, and Monica Barni, xi–xxviii. Clevedon: Multilingual Matters.
Bernstein, Basil. 1971. *Class, Codes, and Control. Theoretical Studies Towards a Sociology of Language.* Vol. 1. London: Routledge and Kegan Paul.

Bhatia, Tej. 2007. *Advertising and Marketing in Rural India: Language, Culture, and Communication*. Delhi: Macmillan Publishers India.
Blommaert, Jan. 2006. "Language Ideology." In *Encyclopedia of Language and Linguistics*, ed. K. Brown. Vol. 6, 510–522. New York: Elsevier.
———. 2007. "Sociolinguistic Scales." *Intercultural Pragmatics* 4: 1–19.
———. 2010. *The Sociolinguistics of Globalization*. Cambridge: Cambridge University Press.
Blommaert, Jan, James Collins, and Stef Slembrouck. 2005. "Spaces of Multilingualism." *Language and Communication* 25: 197–216.
Board of High School and Intermediate Education Uttar Pradesh, n.d. "About Us." http://upmsp.nic.in/aboutus.htm.
Bourdieu, Pierre. 1977. "The Economics of Linguistic Exchanges." *Social Science Information* 16 (6): 645–668.
———. 1986. "The Forms of Capital." In *Handbook of Theory and Research for the Sociology of Education*, ed. John Richardson, 241–258. Westport, CT: Greenwood Press.
———. 1991. *Language and Symbolic Power*, ed. John Thompson, trans. Gino Raymond and Matthew Adamson. Cambridge, MA: Harvard University Press.
Brass, Paul. 1990. *The New Cambridge History of India. Part 1: The Politics of India Since Independence*. Vol. 4. Cambridge: Cambridge University Press.
Bucholtz, Mary, and Kira Hall. 2004. "Language and Identity." In *A Companion to Linguistic Anthropology*, ed. Alessandro Duranti, 369–394. Malden, MA: Blackwell.
Cazden, Courtney. 2001. *Classroom Discourse: The Language of Teaching and Learning*. Portsmouth: Heinemann.
Chakravarty, Rangan, and Nandini Gooptu. 2000. "Imagi-nation: The Media, Nation and Politics in Contemporary India." In *Cultural Encounters: Representing "Otherness,"* ed. Elizabeth Hallam and Brian Street, 89–107. London: Routledge.
Chand, Vineeta. 2011. "Elite Positionings towards Hindi: Language Policies, Political Stances and Language Competence in India." *Journal of Sociolinguistics* 15 (1): 6–35.
Chatterjee, Partha. 1994. *The Nation and Its Fragments: Colonial and Postcolonial Histories*. Delhi: Oxford University Press.
———. 1997. *A Possible India: Essays in Political Criticism*. New Delhi: Oxford University Press.
Chatterjee, Upamanyu. 1988. *English, August: An Indian Story*. New Delhi: Rupa and Co.
———. 2000. *The Mammaries of the Welfare State*. New Delhi: Viking.
Chaturvedi, M.G., and B.V. Mohale. 1976. *Position of Languages in School Curriculum in India*. Delhi: National Council on Educational Research and Training.
Chick, J. Keith. 1996. "Safe-talk: Collusion in Apartheid Education." In *Society and the Language Classroom*, ed. Hywel Coleman, 21–39. Cambridge: Cambridge University Press.
Chopra, Priti. 2011. "(Un)veiling Desire: Re-defining Relationships between Gendered Adult Education Subjects and Adult Education Programmes." *International Journal of Educational Development* 31: 634–642.

Chopra, Surabhi. 2011. "The 'Right of Children to Free and Compulsory Education Act, 2009.'" In *PROBE Revisited: A Report on Elementary Education in India,* by Anuradha De, Reetika Khera, Meera Samson, and A.K. Shiva Kumar, 17–19. Delhi: Oxford University Press.

Cohen, Lawrence. 1998. *No Aging in India: Alzheimer's, the Bad Family, and Other Modern Things.* Berkeley: University of California Press.

Cohn, Bernard. 1985. "The Command of Language and the Language of Command." In *Subaltern Studies IV: Writings on South Asian History and Society,* ed. Ranajit Guha, 276–329. Delhi: Oxford University Press.

Collins, James. 2012. "Migration, Sociolinguistic Scale, and Educational Reproduction." *Anthropology and Education Quarterly* 43 (2): 192–213.

Collins, James, and Richard Blot. 2003. *Literacy and Literacies: Texts, Power, and Identity.* Cambridge: Cambridge University Press.

Dalmia, Vasudha. 1997. *The Nationalization of Hindu Traditions: Bharatendu Harischandra and 19th-Century Banaras.* Delhi: Oxford University Press.

——. 2003. "The Locations of Hindi." *Economic and Political Weekly* April 5: 1377–1384.

Das Gupta, Jyotirindra. 1970. *Language Conflict and National Development: Group Politics and National Language Policy in India.* Berkeley: University of California Press.

——. 1976. "Practice and Theory of Language Planning: The Indian Policy Process." In *Language and Politics,* ed. William O'Barr and Jean O'Barr, 195–212. The Hague: Mouton.

Dasgupta, Probal. 1993. *The Otherness of English: India's Auntie Tongue Syndrome.* New Delhi: Sage Publications.

Daswani, C.J. 1989. "Aspects of Modernization of Indian Languages." In *Language Adaptation,* ed. Florian Coulmas, 79–89. Cambridge: Cambridge University Press.

De, Anuradha, Reetika Khera, Meera Samson, and A.K. Shiva Kumar. 2011. *PROBE Revisited: A Report on Elementary Education in India.* Delhi: Oxford University Press.

Demerath, Peter. 1999. "The Cultural Production of Educational Utility in Pere Village, Papua New Guinea." *Comparative Education Review* 43 (2): 162–192.

——. 2000. "The Social Costs of Acting 'Extra': Students' Moral Judgments of Self, Social Relations and Academic Success in Papua New Guinea." *American Journal of Education* 108: 196–235.

Deshpande, Satish. 2003. *Contemporary India: A Sociological View.* Delhi: Viking.

Doerr, Neriko Musha. 2009. *Meaningful Inconsistencies: Bicultural Nationhood, The Free Market, and Schooling in Aotearoa/New Zealand.* New York: Berghahn Books.

Dua, Hans. 1994a. *The Hegemony of English.* Jaipur: Yashoda.

——. 1994b. "Hindi Language Spread Policy and Its Implementation: Achievements and Prospects." *International Journal of the Sociology of Language* 107: 115–143.

Eckert, Penelope. 1989. *Jocks and Burnouts: Social Categories and Identity in the High School.* New York: Teachers College Press.

Eisenlohr, Patrick. 2004. "Register Levels of Ethno-national Purity: The Ethnicization of Language and Community in Mauritius." *Language in Society* 33 (1): 59–80.

———. 2006. *Little India: Diaspora, Time, and Ethnolinguistic Belonging in Mauritius.* Berkeley: University of California Press.

Errington, J. Joseph. 1998. *Shifting Languages: Interaction and Identity in Javanese Indonesia.* Cambridge: Cambridge University Press.

———. 1999. "Ideology." *Journal of Linguistic Anthropology* 9 (1–2): 115–117.

———. 2001. "Colonial Linguistics." *Annual Review of Anthropology* 30: 19–39.

Faust, David, and Richa Nagar. 2001. "Politics of Development in Postcolonial India: English-medium Education and Social Fracturing." *Economic and Political Weekly* 36 (30): 2878–2883.

Fenigsen, Janina. 1999. "'A Broke-Up Mirror': Representing Bajan in Print." *Cultural Anthropology* 14 (1): 61–87.

Ferguson, Charles. 1959. "Diglossia." *Word* 15: 325–340.

Fernandes, Leela. 2000a. "Nationalizing 'the Global': Media Images, Cultural Politics, and the Middle Class in India." *Media, Culture, and Society* 22: 611–628.

———. 2000b. "Restructuring the New Middle Class in Liberalizing India." *Comparative Studies of South Asia, Africa, and the Middle East* 20: 88–112.

———. 2001. "Rethinking Globalization: Gender and the Nation in India." In *Feminist Locations: Global and Local, Theory and Practice,* ed. Marianne DeKoven, 147–167. New Brunswick: Rutgers University Press.

———. 2006. *India's New Middle Class: Democratic Politics in an Era of Economic Reform.* Minneapolis: University of Minnesota Press.

Fishman, Joshua. 1967. "Bilingualism with and Without Diglossia: Diglossia with and Without Bilingualism." *Journal of Social Issues* 23: 29–38.

Foley, Douglas. 2010. *Learning Capitalist Culture: Deep in the Heart of Tejas.* 2nd ed. Philadelphia: University of Pennsylvania Press.

Fox, Richard. 1990. "Hindu Nationalism in the Making, or the Rise of the Hindian." In *Nationalist Ideologies and the Production of National Cultures,* ed. Richard Fox, 63–80. American Ethnological Society Monograph Series 2. Washington, DC: American Anthropological Association.

Friedrich, Paul. 1989. "Language, Ideology, and Political Economy." *American Anthropologist* 91 (2): 295–312.

Gal, Susan, and Judith Irvine. 1995. "The Boundaries of Languages and Disciplines: How Ideologies Construct Differences." *Social Research* 62 (4): 967–1001.

Gambhir, S. 1981. *The East Indian Speech Community in Guyana: A Sociolinguistic Study with Special Reference to Koiné Formation.* Ph.D. diss., University of Pennsylvania.

Ganguly-Scrase, Ruchira, and Timothy Scrase. 2009. *Globalisation and the Middle Classes in India: The Social and Cultural Impact of Neoliberal Reforms.* London: Routledge.

Ghosh, Avik. 2004. "Alternative Schools and Education Guarantee Scheme." In *Gender and Social Equity in Primary Education: Hierarchies of Access,* ed. Vimala Ramachandran, 120–142. New Delhi: Sage.

Goffman, Erving. 1981. "Footing." In *Forms of Talk,* ed. Erving Goffman, 124–159. Philadelphia: University of Pennsylvania Press.

Gold, Ann. 2002. "New Light in the House: Schooling and Girls in Rural North India." In *Everyday Life in South Asia*, ed. Diane Mines and Sarah Lamb, 86–99. Bloomington: Indiana University Press.

Gray, Edward. 1999. *New World Babel: Languages and Nations in Early America*. Princeton: Princeton University Press.

Grierson, G.A. [1903–1928] 1967. *Linguistic Survey of India*. Vol. 5, pt. 2, *Bihari and Oriya Languages* and Vol. 6, *Eastern Hindi*. Delhi: Motilal Banarsidass.

Guichard, Sylvie. 2010. *The Construction of History and Nationalism in India: Textbooks, Controversies and Politics*. New York: Routledge.

Gumperz, John. 1958. "Dialect Differences and Social Stratification in a North Indian Village." *American Anthropologist* 60 (4): 668–681.

——. 1961. "Speech Variation and the Study of Indian Civilization." *American Anthropologist* 63 (5, pt. 1): 976-988.

——. 1964. "Linguistic and Social Interaction in Two Communities." *American Anthropologist* 66 (6, pt. 2): 137–153.

Gupta, Akhil. 1995. "Blurred Boundaries: The Discourse of Corruption, the Culture of Politics, and the Imagined State." *American Ethnologist* 22 (2): 375–402.

——. 1998. *Postcolonial Developments: Agriculture in the Making of Modern India*. Durham: Duke University Press.

Gupta, Akhil, and James Ferguson. 1997. "Culture, Power, Place: Ethnography at the End of an Era." In *Culture, Power, Place: Explorations in Critical Anthropology*, ed. Akhil Gupta and James Ferguson, 1–29. Durham: Duke University Press.

Gupta, Akhil, and Aradhana Sharma. 2006. "Globalization and Postcolonial States." *Current Anthropology* 47 (2): 277–307.

Gupta, Dipankar. 2010. *The Caged Phoenix: Can India Fly?* Stanford: Stanford University Press.

Gupta, R.S., Anvita Abbi, and Kailash Aggarwal, eds. 1995. *Language and the State: Perspectives on the Eighth Schedule*. New Delhi: Creative Books.

Haeri, Niloofar. 1997. "The Reproduction of Symbolic Capital: Language, State, and Class in Egypt." *Current Anthropology* 38 (5): 795–816.

Hall, Kathleen. 2002. *Lives in Translation: Sikh Youth as British Citizens*. Philadelphia: University of Pennsylvania Press.

Hall, Kira. 2002. "'Unnatural' Gender in Hindi." In *Gender Across Languages: The Linguistic Representation of Women and Men*, ed. Marlis Hellinger and Hadumod Bussman, 133–162. Amsterdam: John Benjamins.

——. 2009. "Boys' Talk: Hindi, Moustaches and Masculinity in New Delhi." In *Gender and Spoken Interaction*, ed. Pia Pichler and Eva Eppler, 139–162. Basingstoke: Palgrave Macmillan.

Hanks, William. 1987. "Discourse Genres in a Theory of Practice." *American Ethnologist* 14: 668–692.

——. 1996. *Language and Communicative Practices*. Boulder, CO: Westview.

——. 2005. "Explorations in the Deictic Field." *Current Anthropology* 46 (2): 191–220.

Hansen, Thomas. 1999. *The Saffron Wave: Democracy and Hindu Nationalism in Modern India*. Princeton: Princeton University Press.

——. 2001. *Wages of Violence: Naming and Identity in Postcolonial Bombay*. Princeton: Princeton University Press.

Hansen, Thomas, and Finn Stepputat. 2001. "Introduction: States of Imagination." In *States of Imagination: Ethnographic Explorations of the Postcolonial State,* ed. Thomas Hansen and Finn Stepputat, 1–40. Durham: Duke University Press.

Heath, Shirley Brice. 1981. "English in Our Language Heritage." In *Language in the USA,* ed. Charles A. Ferguson and Shirley Brice Heath, 6–20. Cambridge: Cambridge University Press.

Heller, Monica. 1995. "Language Choice, Social Institutions, and Symbolic Domination." *Language in Society* 24 (3): 373–405.

——. 1999. *Linguistic Minorities and Modernity: A Sociolinguistic Ethnography.* London: Longman.

Heller, Monica, and Marilyn Martin-Jones. 2001. "Introduction: Symbolic Domination, Education, and Linguistic Difference." In *Voices of Authority: Education and Linguistic Difference,* ed. Monica Heller and Marilyn Martin-Jones, 1–28. Westport, CT: Ablex Publishing.

Hill, Jane. 1998. "Language, Race, and White Public Space." *American Anthropologist* 100 (3): 680–689.

Holland, Dorothy, and Jean Lave, eds. 2001. *History in Person.* Santa Fe: School of American Research Press.

Hornberger, Nancy, and J. Keith Chick. 2001. "Co-Constructing School Safetime: Safetalk Practices in Peruvian and South African Classrooms." In *Voices of Authority: Education and Linguistic Difference,* ed. Monica Heller and Marilyn Martin-Jones, 31–55. Westport, CT: Ablex Publishing.

Huberman, Jenny. 2005. "'Consuming Children': Reading the Impacts of Tourism in the City of Banaras." *Childhood: A Journal of Global Child Research* 12 (2): 161–176.

——. 2012. *Ambivalent Encounters: Childhood, Tourism, and Social Change in Banaras, India.* New Brunswick: Rutgers University Press.

Ilaih, Kancha. 1996. "Productive Labour, Consciousness and History: The Dalitbahujan Alternative." In *Subaltern Studies IX: Writings on South Asian History and Society,* ed. Shahid Amin and Dipesh Chakrabarty, 165–200. Delhi: Oxford University Press.

Irvine, Judith. 1989. "When Talk Isn't Cheap: Language and Political Economy." *American Ethnologist* 16: 248–267.

——. 1996. "Shadow Conversations: The Indeterminacy of Participant Roles." In *Natural Histories of Discourse,* ed. Michael Silverstein and Greg Urban, 131–159. Chicago: University of Chicago Press.

Irvine, Judith, and Susan Gal. 2000. "Language Ideology and Linguistic Differentiation." In *Regimes of Language: Ideologies, Polities, and Identities,* ed. Paul Kroskrity, 35–84. Santa Fe: School of American Research Press.

Jacquemet, Marco. 2005. "Transidiomatic Practices: Language and Power in the Age of Globalization." *Language and Communication* 25: 257–277.

Jaffe, Alexandra. 1993. "Obligation, Error and Authenticity: Competing Cultural Principles in the Teaching of Corsican." *Journal of Linguistic Anthropology* 3 (1): 99–114.

——. 1996. "The Second Annual Corsican Spelling Contest: Orthography and Ideology." *American Ethnologist* 23 (4): 816–835.

——. 1999. *Ideologies in Action: Language Politics on Corsica.* Berlin: Mouton de Gruyter.

——. 2000. "Introduction: Non-standard Orthography and Non-standard Speech." *Journal of Sociolinguistics* 4 (4): 497–513.
——. 2009. "Introduction: The Sociolinguistics of Stance." In *Stance: Sociolinguistic Perspectives,* ed. Alexandra Jaffe, 3–28. Oxford: Oxford University Press.
Jayaram, N. 1993. "The Language Question in Higher Education: Trends and Issues." *Higher Education* 26 (July): 93–114.
Jeffery, Patricia. 2005. "Introduction: Hearts, Minds, and Pockets." In *Educational Regimes in Contemporary India,* ed. Radhika Chopra and Patricia Jeffery, 13–38. New Delhi: Sage Publications.
Jeffery, Roger, Patricia Jeffery, and Craig Jeffrey. 2005. "Social Inequalities and the Privatisation of Secondary Schooling in North India." In *Educational Regimes in Contemporary India,* ed. Radhika Chopra and Patricia Jeffery, 41–61. New Delhi: Sage Publications.
Jeffrey, Craig. 2010. *Timepass: Youth, Class, and the Politics of Waiting in India.* Stanford: Stanford University Press.
Jeffrey, Craig, Patricia Jeffery, and Roger Jeffery. 2008. *Degrees Without Freedom? Education, Masculinities, and Unemployment in North India.* Stanford: Stanford University Press.
Joshi, Svati, ed. 1994. *Rethinking English: Essays in Literature Language, History.* Delhi: Oxford University Press.
Kachru, Braj. 1992. "Meaning in Deviation: Toward Understanding Non-Native English Texts." In *The Other Tongue: English across Culture,* ed. Braj Kachru, 301–326. Urbana: University of Illinois Press.
——. 1996. "South Asian English: Toward an Identity in Diaspora." In *South Asian English: Structure, Use, and Users,* ed. Robert Baumgardner, 9–28. Urbana: University of Illinois Press.
Kaplan, Sam. 2006. *The Pedagogical State: Education and the Politics of National Culture in Post-1980 Turkey.* Stanford: Stanford University Press.
Katz, Cindi. 2004. *Growing Up Global: Economic Restructuring and Children's Everyday Lives.* Minneapolis: University of Minnesota Press.
Kaviraj, Sudipta. 1992a. "The Imaginary Institution of India." In *Subaltern Studies VII: Writings on South Asian History and Society,* ed. Partha Chatterjee and Gyanendra Pandey, 1–39. Delhi: Oxford University Press.
——. 1992b. "Writing, Speaking, Being: Language and the Historical Formation of Identities in India." In *Nationalstaat und Sprachkonflikt in Süd- und Südostasien,* ed. Dagmar Hellman-Rajanayagam and Dietmar Rothermund, 25–65. Stuttgart: Steiner.
Keane, Webb. 1997. "Knowing One's Place: National Language and the Idea of the Local in Eastern Indonesia." *Cultural Anthropology* 12 (1): 37–63.
——. 2001. "Voice." In *Key Terms in Language and Culture,* ed. Alessandro Duranti, 268–271. Malden, MA: Blackwell.
Khilnani, Sunil. 1999. *The Idea of India.* New York: Farrar, Straus and Giroux.
Khubchandani, Lachman. 1979. "A Demographic Typology for Hindi, Urdu, Punjabi Speakers in South Asia." In *Language and Society: Anthropological Issues,* ed. William McCormack and Stephen Wurm, 183–194. The Hague: Mouton.
——. 1983. *Plural Languages, Plural Cultures: Communication, Identity, and Sociopolitical Change in Contemporary India.* Honolulu: University of Hawai'i Press.

———. 1984. "Sociolinguistics in India: The Decade Past, the Decade to Come." *International Journal of the Sociology of Language* 45: 47–64.
———. 1994. "English as a Contact Language." In *Second Language Acquisition: Socio-cultural and Linguistic Aspects of English in India,* ed. R.K. Agnihotri and A.L. Khanna, 77–91. New Delhi: Sage Publications.
———. 2003. "Defining Mother Tongue Education in Plurilingual Contexts." *Language Policy* 2: 239–254.
King, Christopher. 1994. *One Language, Two Scripts: The Hindi Movement in Nineteenth Century North India.* Delhi: Oxford University Press.
———. 2001. "The Poisonous Potency of Script: Hindi and Urdu." *International Journal of the Sociology of Language* 150: 43–59.
King, Robert. 1997. *Nehru and the Language Politics of India.* Delhi: Oxford University Press.
Klenk, Rebecca. 2003. "'Difficult Work': Becoming Developed." In *Regional Modernities: The Cultural Politics of Development in India,* ed. K. Sivaramakrishnan and Arun Agrawal, 99–121. Stanford: Stanford University Press.
Koven, Michèle. 1998. "Two Languages in the Self/The Self in Two Languages: French-Portuguese Bilinguals' Verbal Enactments and Experiences of Self in Narrative Discourse." *Ethos* 26 (4): 410–455.
———. 2002. "An Analysis of Speaker Role Inhabitance in Narratives of Personal Experience." *Journal of Pragmatics* 34: 167–217.
———. 2004. "Getting 'Emotional' in Two Languages: Bilinguals' Verbal Performance of Affect in Narratives of Personal Experience." *Text* 24 (4): 471–515.
Krishnamurti, Bh. 1979. "Problems of Language Standardization in India." In *Language and Society: Anthropological Issues,* ed. William McCormack and Stephen Wurm, 673–692. The Hague: Mouton.
Krishnaswamy, N., and Archana S. Burde. 1998. *The Politics of Indians' English: Linguistic Colonialism and the Expanding English Empire.* Delhi: Oxford University Press.
Kroskrity, Paul. 2001. "Identity." In *Key Terms in Language and Culture,* ed. Alessandro Duranti, 106–109. Malden, MA: Blackwell.
———. 2004. "Language Ideologies." In *A Companion to Linguistic Anthropology,* ed. Alessandro Duranti, 496–517. Malden, MA: Blackwell Publishing.
Kumar, Amitava. *Home Products.* New Delhi: Picador.
Kumar, Krishna. 1988. "Origin of India's 'Textbook Culture.'" *Comparative Education Review* 32 (4): 452–464.
———. 1989. *Social Character of Learning.* New Delhi: Sage.
———. 1990. "Quest for Self-Identity: Cultural Consciousness and Education in Hindi Region, 1880-1950." *Economic and Political Weekly,* June 9: 1247–1255.
———. 1991a. "Slowing Down." *Economic and Political Weekly,* March 30: 815–816.
———. 1991b. *Political Agenda of Education: A Study of Colonialist and Nationalist Ideas.* Delhi: Sage.
———. 1991c. "Foul Contract." *Seminar* 377: 43–46.
———. 1993. "Hindu Revivalism and Education in North-Central India." In *Fundamentalisms and Society: Reclaiming the Sciences, the Family, and Education,* ed. Martin Marty and R. Scott Appleby, 536–557. Chicago: University of Chicago Press.
———. 1996. *Learning from Conflict.* Hyderabad: Orient Longman.

——. 1998. "Education and Society in Post-Independence India: Looking towards the Future." *Economic and Political Weekly*, June 6: 1391–1396.

Kumar, Nita. 1988. *The Artisans of Banaras: Popular Culture and Identity 1880-1986*. Princeton: Princeton University Press.

——. 1992. *Friends, Brothers, and Informants: Fieldwork Memoirs of Banaras*. Berkeley: University of California Press.

——. 1994. "Oranges for the Girls, or, the Half-Known Story of the Education of Girls in Twentieth-Century Banaras." In *Women as Subjects: South Asian Histories*, ed. Nita Kumar, 211–231. Calcutta: Stree.

——. 1998. "Lessons from Contemporary Schools." *Sociological Bulletin* 47 (1): 33–49.

——. 2000. *Lessons from Schools: The History of Education in Banaras*. New Delhi: Sage.

——. 2001. "Children and the Partition." In *The Partitions of Memory: The Afterlife of the Division of India*, ed. Suvir Kaul, 269–301. Bloomington: Indiana University Press.

——. 2007. *The Politics of Gender, Community, and Modernity: Essays on Education in India*. Delhi: Oxford University Press.

——. 2011. "The Middle-class Child: Ruminations on Failure." In *Elite and Everyman: The Cultural Politics of the Indian Middle Classes*, ed. Amita Baviskar and Raka Ray, 220–245. New Delhi: Routledge.

Kumar, Ravi. 2009. "State, Inequality, and Politics of Capital: The Neoliberal Scourge in Education." In *The Developing World and State Education: Neoliberal Depredation and Egalitarian Alternatives*, ed. Dave Hill and Ellen Rosskam, 140–161. New York: Routledge.

Kurzon, Dennis. 2004. *Where East Looks West: Success in English in Goa and on the Konkan Coast*. Clevedon: Multilingual Matters.

LaDousa, Chaise. 2004. "In the Mouth but Not on the Map: Visions of Language and Their Enactment in the Hindi Belt." *Journal of Pragmatics* 36 (4): 633–661.

——. 2007. "Liberalisation, Privatisation, Modernisation and Schooling in India: An Interview with Krishna Kumar." *Globalisation, Societies and Education* 5 (2): 137–152.

Lee, Benjamin. 1997. *Talking Heads: Language, Metalanguage, and the Semiotics of Subjectivity*. Durham: Duke University Press.

Lelyveld, David. 1993. "The Fate of Hindustani: Colonial Knowledge and the Project of a National Language." In *Orientalism and the Postcolonial Predicament: Perspectives on South Asia*, ed. Carol Breckenridge and Peter van der Veer, 198–214. Philadelphia: University of Pennsylvania Press.

Levinson, Bradley, and Dorothy Holland. 1996. "The Cultural Production of the Educated Person: An Introduction." In *The Cultural Production of the Educated Person: Critical Ethnographies of Schooling and Local Practice*, ed. Bradley Levinson, Douglas Foley, and Dorothy Holland, 1–56. Albany: State University of New York Press.

Majumdar, Manabi, and Jos Mooij. 2011. *Education and Inequality in India: A Classroom View*. New York: Routledge.

Mankekar, Purnima. 1999. *Screening Culture, Viewing Politics: An Ethnography of Television, Womanhood, and Nation in Postcolonial India*. Durham: Duke University Press.

Marriott, McKim. 1976. "Hindu Transactions: Diversity without Dualism." In *Transaction and Meaning: Directions in the Anthropology of Exchange and Symbolic Behavior*, ed. Bruce Kapferer, 109–142. Philadelphia: ISHI.

Martin, Peter. 2005. "'Safe' Language Practices in Two Rural Schools in Malaysia: Tensions between Policy and Practice." In *Decolonisation, Globalisation: Language-in-Education Policy and Practice*, ed. Angel Lin and Peter Martin, 74–97. Clevedon: Multilingual Matters.

Masica, Colin. 1991. *The Indo-Aryan Languages*. Cambridge: Cambridge University Press.

Mazzarella, William. 2005. "Middle Class." In *Keywords in South Asian Studies (An Online Encyclopedia Published by the School of Oriental and African Studies, University of London)*, ed. Rachel Dwyer. http://www.soas.ac.uk/centres/centreinfo.cfm?navid=912.

McKean, Lise. 1996. *Divine Enterprise: Gurus and the Hindu Nationalist Movement*. Chicago: University of Chicago Press.

Mehan, Hugh. 1979. *Learning Lessons: Social Organization in the Classroom*. Cambridge: Harvard University Press.

Mendoza-Denton, Norma. 2002. "Language and Identity." In *The Handbook of Language Variation and Change*, ed. J.K. Chambers, Peter Trudgill, and Natalie Schilling-Estes, 475–499. Malden, MA: Blackwell Publishing.

Mertz, Elizabeth. 1985. "Beyond Symbolic Anthropology: Introducing Semiotic Mediation." In *Semiotic Mediation*, ed. Elizabeth Mertz and Richard Parmentier, 1–19. Orlando: Academic Press.

——. 1998. "Linguistic Ideology and Praxis in U.S. Law School Classrooms." In *Language Ideologies: Practice and Theory*, ed. Bambi Schieffelin, Kathryn Woolard, and Paul Kroskrity, 149–162. Oxford: Oxford University Press.

Mesthrie, Rajend. 1991. *Language in Indenture: A Sociolinguistic History of Bhojpuri-Hindi in South Africa*. Johannesburg: Witwatersrand University Press.

Mitchell, Lisa. 2009. *Language, Emotion, and Politics in South India: The Making of a Mother Tongue*. Bloomington: Indiana University Press.

Mohan, Peggy. 1978. *Trinidad Bhojpuri: A Morphological Study*. Ph.D. diss., University of Michigan.

Mukherjee, Alok. 2009. *This Gift of English: English Education and the Formation of Alternative Hegemonies in India*. New Delhi: Orient BlackSwan.

Mukhopadyay, Carol, and Susan Seymour, eds. 1994. *Women, Education, and Family Structure in India*. Boulder: Westview.

Nadkarni, M.V. 1994. "English in Mother Tongue Medium Education." In *Second Language Acquisition: Socio-cultural and Linguistic Aspects of English in India*, ed. R.K. Agnihotri and A.L. Khanna, 130–142. New Delhi: Sage Publications.

Naik, J.P., and Syed Nurullah. [1945] 1974. *A Students' History of Education in India (1800-1973)*. 6th rev. ed. New Delhi: Macmillan India Ltd.

Narayan, Kirin. 1993. "Banana Republics and V.I. Degrees: Rethinking Indian Folklore in a Postcolonial World." *Asian Folklore Studies* 52: 177–204.

National Council for Educational Research and Training. 2005. *National Curriculum Framework*. New Delhi: NCERT.

National Policy on Education. 1968. *Education and National Development: Report of the Education Commission 1964-1966*. New Delhi: NCERT.

Orsini, Francesca. 2002. *The Hindi Public Sphere 1920-1940: Language and Literature in the Age of Nationalism.* Delhi: Oxford University Press.

Pandit, P.B. 1977. *Language in a Plural Society: The Case of India.* New Delhi: Amrik Singh.

——. 1979. "Perspectives on Sociolinguistics in India." In *Language and Society: Anthropological Issues,* ed. William McCormack and Stephen Wurm, 171–182. The Hague: Mouton.

Parmentier, Richard. 1994. *Signs in Society: Studies in Semiotic Anthropology.* Bloomington: Indiana University Press.

Parry, Jonathan. 1994. *Death in Banaras.* Cambridge: Cambridge University Press.

Patel, Reena. 2010. *Working the Night Shift: Women in India's Call Center Industry.* Stanford: Stanford University Press.

Pattanayak, Debi Prasanna. 1981. *Multilingualism and Mother Tongue Education.* Delhi: Oxford University Press.

——. 1985. "Diversity in Communication and Languages; Predicament of a Monolingual State: India, a Case Study." In *Language of Inequality,* ed. Nessa Wolfson and Joan Manes, 399–407. The Hague: Mouton.

Pérez-Milans. 2012. "Beyond 'Safe-talk': Institutionalization and Agency in China's English Language Education." *Linguistics and Education* 23 (1): 62–76.

Philips, Susan U. 1998. "Language Ideologies in Institutions of Power: A Commentary." In *Language Ideologies: Practice and Theory,* ed. Bambi Schieffelin, Kathryn Woolard, and Paul Kroskrity, 211–225. Oxford: Oxford University Press.

Pinney, Christopher. 2001. "Introduction: Public, Popular, and Other Cultures." In *Pleasure and the Nation: The History, Politics and Consumption of Public Culture in India,* ed. Rachel Dwyer and Christopher Pinney, 1–34. Delhi: Oxford University Press.

Pollock, Mica, and Bradley Levinson. 2011. "Introduction." In *A Companion to the Anthropology of Education,* ed. Bradley Levinson and Mica Pollock, 1–8. Malden, MA: Wiley-Blackwell.

Prasad, H.Y. Sharada. 1986. "Coming Home." *Seminar* 321: 23–26.

PROBE (Public Report on Basic Education in India) Team. 1999. *Public Report on Basic Education in India.* New Delhi: Oxford University Press.

Raheja, Gloria. 1996. "Caste, Colonialism, and the Speech of the Colonized: Entextualization and Disciplinary Control in India." *American Ethnologist* 23 (3): 494–513.

——. 1999. "The Illusion of Consent: Language, Caste, and Colonial Rule in India." In *Colonial Subjects: Essays on the Practical History of Anthropology,* ed. Peter Pels and Oscar Salemink, 117–152. Ann Arbor: University of Michigan Press.

Rahman, Tariq. 2011. *From Hindi to Urdu: A Social and Political History.* Karachi: Oxford University Press.

Rai, Alok. 2001. *Hindi Nationalism.* Delhi: Orient Longman.

Rai, Amrit. 1984. *A House Divided: The Origin and Development of Hindi/Hindavi.* Delhi: Oxford University Press.

Rajagopal, Arvind. 2001. *Politics after Television: Hindu Nationalism and the Reshaping of the Public in India.* Cambridge: Cambridge University Press.

Rajan, Rajeswari. 1992. "Fixing English: Nation, Language, Subject." In *The Lie of the Land: English Literary Studies in India*, ed. Rajeswari Rajan, 7–28. Delhi: Oxford University Press.

Ramachandran, Vimala. 2004. "Introduction." In *Gender and Social Equity in Primary Education: Hierarchies of Access*, ed. Vimala Ramachandran, 19–31. New Delhi: Sage.

Ramanathan, Vaidehi. 1999. "English Is Here to Stay: A Critical Look at Institutional and Educational Practices in India." *Teachers of English to Speakers of Other Languages Quarterly* 33 (2): 211–231.

——. 2005a. *The English-Vernacular Divide: Postcolonial Language Politics and Practice*. Clevedon: Multilingual Matters.

——. 2005b. "Ambiguities about English: Ideologies and Critical Practice in Vernacular-medium College Classrooms in Gujarat, India." *Journal of Language, Identity, and Education* 4: 45–65.

Ramaswamy, Sumathi. 1997. *Passions of the Tongue: Language Devotion in Tamil India, 1891-1970*. Berkeley: University of California Press.

Rubdy, Rani. 2008. "English in India: The Privilege and Privileging of Social Class." In *Language as Commodity: Global Structures, Local Marketplaces*, ed. Peter Tan and Rani Rubdy, 122–145. London: Continuum International Publishing Group.

Rumsey, Alan. 1990. "Wording, Meaning, and Linguistic Ideology." *American Anthropologist* 92 (2): 346–361.

Rutz, Henry, and Erol Balkan. 2009. *Reproducing Class: Education, Neoliberalism, and the Rise of the New Middle Class in Istanbul*. New York: Berghahn Books.

Sadana, Rashmi. 2012. *English Heart, Hindi Heartland: The Political Life of Literature in India*. Berkeley: University of California Press.

Sarangapani, Padma. 2003a. "Childhood and Schooling in an Indian Village." *Childhood* 10 (4): 403–418.

——. 2003b. *Constructing School Knowledge: An Ethnography of Learning in an Indian Village*. New Delhi: Sage.

Schieffelin, Bambi and Rachelle Doucet. 1998. "The 'Real' Haitian Creole: Ideology, Metalinguistics, and Orthographic Choice." In *Language Ideologies: Practice and Theory*, ed. Bambi Schieffelin, Kathryn Woolard, and Paul Kroskrity, 285–316. Oxford: Oxford University Press.

Schiffman, Harold. 1996. *Linguistic Culture and Language Policy*. New York: Routledge.

Sengupta, Parna. 2011. *Pedagogy for Religion: Missionary Education and the Fashioning of Hindus and Muslims in Bengal*. Berkeley: University of California Press.

Seth, Sanjay. 2007. *Subject Lessons: The Western Education of Colonial India*. Durham: Duke University Press.

Seymour, Susan. 1999. *Women, Family, and Child Care in India: A World in Transition*. Cambridge: Cambridge University Press.

——. 2002. "Family and Gender Systems in Transition: A Thirty-Five-Year Perspective." In *Everyday Life in South Asia*, ed. Diane Mines and Sarah Lamb, 100–115. Bloomington: Indiana University Press.

Shapiro, Michael, and Harold Schiffman. 1981. *Language and Society in South Asia*. Delhi: Motilal Banarsidass.
Sharma, Aradhana. 2006. "Crossbreeding Institutions, Breeding Struggle: Women's Empowerment, Neoliberal Governmentality, and State (Re)Formation in India." *Cultural Anthropology* 21 (1): 60–95.
Sheth, D.L. 1990. "No English Please, We're Indian." *Illustrated Weekly of India*, August 19: 34–37.
Shohamy, Elana, and Durk Gorter. 2009. "Introduction." In *Linguistic Landscape: Expanding the Scenery*, ed. Elana Shohamy and Durk Gorter, 1–10. New York: Routledge.
Shukla, Shrilal. [1968] 1992. *Raag Darbari: A Novel*, trans. Gillian Wright. New Delhi: Penguin.
Silverstein, Michael. 1976. "Shifters, Linguistic Categories, and Cultural Description." In *Meaning in Anthropology*, ed. Keith Basso and Henry Selby, 11–55. Albuquerque: University of New Mexico Press.
——. 1979. "Language Structure and Linguistic Ideology." In *Papers from the Parasession on Linguistic Units and Levels*, ed. P. Clyne et al., 193–247. Chicago: Chicago Linguistic Society.
——. 1992. "Metapragmatic Discourse and Metapragmatic Function." In *Reflexive Language: Reported Speech and Metapragmatics*, ed. John Lucy, 33–58. Cambridge: Cambridge University Press.
——. 1996. "Indexical Order and the Dialectics of Sociolinguistic Life." In *SALSA III (Proceedings of the Third Annual Symposium About Language and Society)*, ed. Risako Ide, Rebecca Parker, and Yukako Sunaoshi, 266–295. Texas Linguistic Forum. Vol. 36. Austin: University of Texas Linguistics Department.
——. 1998. "Contemporary Transformations of Local Linguistic Communities." *Annual Review of Anthropology* 27: 401–426.
Simon, Beth. 1986. *Bilingualism and Language Maintenance in Banaras*. Ph.D. diss., University of Wisconsin, Madison.
——. 1993. "Language Choice, Religion, and Identity in the Banarsi Community." In *Living Banaras: Hindu Religion in Cultural Context*, ed. Bradley Hertel and Cynthia Ann Humes, 245–268. Albany: State University of New York Press.
——. 1995. "Mangoes." *The Massachusetts Review* 36 (2): 207-214.
——. 2003. "Here We Do Not Speak Bhojpuri: A Semantics of Opposition." In *Emancipating Cultural Pluralism*, ed. Cris E. Toffolo, 147–162. Albany: State of New York Press.
Singh, Khushwant. 1986. "Indish." *Seminar* 321: 36–38.
Skutnabb-Kangas, T., and R. Phillipson. 1989. "'Mother Tongue': The Theoretical and Sociopolitical Construction of a Concept." In *Status and Function of Languages and Language Varieties*, ed. U. Ammon, 450–477. Berlin: Walter de Gruyter.
Sonntag, Selma. 1996. "The Political Saliency of Language in Bihar and Uttar Pradesh." *The Journal of Commonwealth and Comparative Politics* 34 (2): 1–18.
——. 2000. "Ideology and Policy in the Politics of the English Language in North India." In *Ideology, Politics and Language Policies: Focus on English*, ed. Thomas Ricento, 133–150. Amsterdam: John Benjamins.

Southworth, Franklin. 1985. "The Social Context of Language Standardization in India." In *Language of Inequality*, ed. Nessa Wolfson and Joan Manes, 225–239. The Hague: Mouton.

Spitulnik, Debra. 1993. "Anthropology of Mass Media." *Annual Review of Anthropology* 22: 293–315.

——. 1998. "Mediating Unity and Diversity." In *Language Ideologies: Practice and Theory*, ed. Bambi Schieffelin, Kathryn Woolard, and Paul Kroskrity, 163–188. Oxford: Oxford University Press.

Sridhar, S.N. 1987. "Language Variation, Attitudes, and Rivalry: The Spread of Hindi in India." In *Language Spread and Language Policy: Issues, Implications, and Case Studies*, ed. Peter Lowenberg, 300–319. Washington, DC: Georgetown University Press. (Georgetown University Roundtable on Languages and Linguistics 1987).

——. 1991. "Bilingual Education in India." In *Bilingual Education: Focusschrift in Honor of Joshua A. Fishman on the Occasion of His 65th Birthday*, ed. Ofelia Garcia. Vol. 1, 89–101. Amsterdam: John Benjamins.

Srivastava, A.K. 1990. "Multilingualism and School Education in India: Special Features, Problems, and Prospects." In *Multilingualism in India*, ed. D.P. Pattanayak, 37–53. Clevedon: Multilingual Matters.

Srivastava, Sanjay. 1998. *Constructing Post-Colonial India: National Character and the Doon School*. New York: Routledge.

——. 2003. "Schooling, Culture, and Modernity." In *The Oxford Companion to Sociology and Social Anthropology*, ed. Veena Das. Vol. 2. 998–1031. New Delhi: Oxford University Press.

Stambach, Amy. 2000. *Lessons from Mount Kilimanjaro: Schooling, Community, and Gender in East Africa*. New York: Routledge.

Suraiya, Jug. 1990. "The Chips Are Down for Post-Modern Hindi." *Times of India*, 19 June.

Swigart, Leigh. 2000. "The Limits of Legitimacy: Language Ideology and Shift in Contemporary Senegal." *Journal of Linguistic Anthropology* 10 (1): 90–130.

Thapar, Romesh. 1986. "The Problem." *Seminar* 321: 2–3.

Trautmann, Thomas. 1997. *Aryans and British India*. Berkeley: University of California Press.

Trawick, Margaret. 1988. "Spirits and Voices in Tamil Songs." *American Ethnologist* 15 (2): 193–215.

Urban, Greg. 1989. "The 'I' of Discourse." In *Semiotics, Self, and Society*, ed. Benjamin Lee and Greg Urban, 27–51. Berlin: Mouton de Gruyter.

Urciuoli, Bonnie. 1991. "The Political Topography of Spanish and English: The View from a Puerto Rican Neighborhood." *American Ethnologist* 18 (2): 295–310.

——. 1995. "Language and Borders." *Annual Review of Anthropology* 24: 525–546.

——. 1996. *Exposing Prejudice: Puerto Rican Experiences of Language, Race, and Class*. Boulder: Westview.

Urla, Jaqueline. 1993. "Cultural Politics in an Age of Statistics: Numbers, Nations, and the Making of Basque Identity." *American Ethnologist* 20 (4): 818–843.

Vaish, Viniti. 2008. *Biliteracy and Globalization: English Language Education in India*. Clevedon: Multilingual Matters.

Verma, M. 1994. "English in Indian Education." In *Second Language Acquisition: Socio-cultural and Linguistic Aspects of English in India,* ed. R.K. Agnihotri and A.L. Khanna, 105–129. New Delhi: Sage Publications.

Viswanathan, Gauri. 1989. *Masks of Conquest: Literary Study and British Rule in India.* New York: Columbia University Press.

——. 1992. "English in a Literate Society." In *The Lie of the Land: English Literary Studies in India,* ed. Rajeswari Rajan, 29–41. Delhi: Oxford University Press.

——. 2007. "Literacy and Conversion in the Discourse of Hindu Nationalism." In *The Crisis of Secularism in India,* ed. Anuradha Needham and Rajeswari Sunder Rajan, 333–355. Durham: Duke University Press.

Wadley, Susan. 1994. *Struggling with Destiny in Karimpur, 1925-1984.* Berkeley: University of California Press.

Washbrook, David. 1991. "'To Each a Language of His Own': Language, Culture, and Society in Colonial India." In *Language, History, and Class,* ed. Penelope Corfield, 179–203. Oxford: Basil Blackwell.

Weber, Jean Jacques. 2008. "Safetalk Revisited, or: Language and Ideology in Luxembourgish Educational Policy." *Language and Education* 22 (2): 155–169.

Wilce, James. 1998a. "The Kalimah in the Kaleidophone: Ranges of Multivocality in Bangladeshi Muslim's Discourses." *Ethos* 26 (2): 229–257.

——. 1998b. *Eloquence in Trouble: The Poetics and Politics of Complaint in Rural Bangladesh.* Oxford: Oxford University Press.

Willis, Paul. 1977. *Learning to Labor: How Working Class Kids Get Working Class Jobs.* New York: Columbia University Press.

——. 2003. "Cultural Production and Theories of Reproduction." In *Culture: Critical Concepts in Sociology,* ed. Chris Jenks, 178–202. London: Routledge.

Woolard, Kathryn. 1985. "Language Variation and Cultural Hegemony: Toward an Integration of Sociolinguistic and Social Theory." *American Ethnologist* 12 (4): 738–748.

——. 1989. "Sentences in the Language Prison: The Rhetorical Structuring of an American Language Policy Debate." *American Ethnologist* 16 (2): 268–278.

——. 1998. "Introduction: Language Ideology as a Field of Inquiry." In *Language Ideologies: Practice and Theory,* ed. B. Schieffelin, K. Woolard, and P. Kroskrity, 3–50. New York: Oxford University Press.

——. 1999. "Simultaneity and Bivalency as Strategies in Bilingualism." *Journal of Linguistic Anthropology* 8: 3–29.

Woolard, Kathryn, and Bambi Schieffelin. 1994. "Language Ideology." *Annual Review of Anthropology* 23: 55–82.

Wortham, Stanton. 2003a. "Accomplishing Identity in Participant-Denoting Discourse." *Journal of Linguistic Anthropology* 13 (2): 189–210.

——. 2003b. "Linguistic Anthropology of Education: An Introduction." In *Linguistic Anthropology of Education,* ed. Stanton Wortham and Betsy Rymes, 1–29. Westport, CT: Praeger.

Zurbuchen, Mary. 1992. "Wiping Out English." *Seminar* 391: 47–54.

译 后 记

作为一名对英语保有持久兴趣的高校教师和译者，我很想知道母语为印地语的印度人在对待英语学习方面是不是和我们很相似。我的研究生也对印度教育颇感兴趣，所以我们便欣然接受邀请，开始了原著的翻译工作。

本书共有五章。第一章着眼于从母语这一特定的意识形态视角来考察印度的教育。母语既能激发印度人的自豪感，让其产生“情结”，又会使其在说英语的人面前低人一等。第二章转向国语，探讨印地语授课学校和英语授课学校的差异，并进一步指出，印地语授课学校和英语授课学校的价值可以根据人们对它们与当地、国家和国际舞台的关系的理解而发生根本性的变化。第三章通过对瓦拉纳西城镇周围的学校广告和当地发行的全国性报纸上的学校广告进行对比，表明瓦拉纳西是一个边缘化地区，无法提供国际化的教育。第四章聚焦一位老师，指出了弥合印地语授课学校和英语授课学校之间不可避免的鸿沟的可能性。第五章借由“安全对话”这一概念，提出了一些英语学习者使用英语的问题。

本书作者多次去印度进行教育方面的调研，对印度的教育较为熟悉，遣词造句都很专业，偶尔还会运用印地语，好在印地语大多有对应的英语解释或翻译。对于译者而言，翻译的难点在于一些词语具有多义性。另外，也有部分内容跟印度的文化、宗教相关，需要具备相关的知识。我们在翻译前建了术语库，在翻译的过程中字斟句酌、反复讨论，尽力达到翻译的连贯性和一致性，并追求信、达、雅。感谢参与翻译的杨宛婷、徐雯帅、杨学思、周毅和周存磊同学，没有她们的热情参与，翻译工作不会进展得这么顺利。也感谢刘军主任、何雪松教授、黄玉琴教授，以及华东理工大学外国语学院、社会与公共管理学院对本书翻译工作的支持！

内容提要

abstract

基于对印度的多次实地考察和调研，本书突破学科壁垒，聚焦学校课堂上的授课语言差异，对印度北部城市瓦拉纳西的语言鸿沟进行了研究，并基于此揭示了英语授课和印地语授课差异之下的阶层差异和意识形态差异。在印度政治经济转型时期，印度的学校教育和社会阶层之间的关系日益复杂。本书以“媒介”为关键词，带领读者进入印度学校的办公室、教室，乃至居民家中，以对印度学校的教育体制进行全方位的调研和剖析。印度人对母语的矛盾“情结”、母语概念对语言群体分化的影响、语言和学校广告之间的关系、英语授课中的“安全对话”，以及极少数人对授课语言差异带来的鸿沟的质疑也是本书研究的重点。